[美]艾米丽·奥斯特——著

薛玮——译

家、金钱和孩子

THE FAMILY FIRM

中信出版集团 | 北京

图书在版编目（CIP）数据

家、金钱和孩子 / (美) 艾米丽·奥斯特著；薛玮译 . -- 北京：中信出版社，2024.10
书名原文：The Family Firm: A Data-Driven Guide to Better Decision Making in the Early School Years
ISBN 978-7-5217-6593-9

Ⅰ.①家… Ⅱ.①艾… ②薛… Ⅲ.①家庭教育—儿童教育 Ⅳ.① G782

中国国家版本馆 CIP 数据核字 (2024) 第 098799 号

The Family Firm by Emily Oster
Copyright © 2021 by Emily Oster
Simplified Chinese translation copyright © 2024 by CITIC Press Corporation
ALL RIGHTS RESERVED

本书仅限中国大陆地区发行销售

家、金钱和孩子

著　　者：[美] 艾米丽·奥斯特
译　　者：薛玮
出版发行：中信出版集团股份有限公司
　　　　　（北京市朝阳区东三环北路 27 号嘉铭中心　邮编 100020）
承　印　者：北京盛通印刷股份有限公司
开　　本：889mm×1194mm　1/32　　印　张：9.5　　字　数：190 千字
版　　次：2024 年 10 月第 1 版　　印　次：2024 年 10 月第 1 次印刷
京权图字：01-2024-0976
书　　号：ISBN 978-7-5217-6593-9
定　　价：59.00 元

版权所有·侵权必究
如有印刷、装订问题，本公司负责调换。
服务热线：400-600-8099
投稿邮箱：author@citicpub.com

目 录

引言 1

要不要让孩子推迟入园? 21
为什么要用 4F 步骤法解决问题? 26

第一部分 如何做出家庭决策 39

第一章 确定家庭愿景 42
如何制定合理的家庭愿景? 45
第二章 如何平衡你的时间、金钱和精力 57
用好 4F 步骤法 59
可能遇到的问题 62
第三章 同样的时间投入,获得更高的收益 64
这样做,提升你的效率 67
用好方法,高效生活 71

第二部分 从他人的决定中获取有效信息 73

第四章 如何更好地安排孩子的作息? 76
睡眠对孩子来说重要吗? 78
孩子需要多少睡眠才算够? 83
启发与思考 86

第五章 　**全职妈妈 vs 职场妈妈：家庭收入和孩子的学习成绩能否兼得？**　88

父母的工作对孩子有什么影响？　90

更多的钱能给你的家庭带来什么？　97

启发与思考　100

第六章 　**全家人一起用餐，让孩子表现更优秀**　102

什么是健康饮食？　103

如何培养孩子的饮食习惯？　109

吃什么不重要，怎么吃更重要　114

启发与思考　118

第七章 　**虎爸虎妈 vs 放养育儿：父母在养育中的参与程度影响有多大？**　121

父母参与有什么好处？　127

父母参与有什么坏处？　129

启发与思考　132

  **每一次选择，都关乎时间、金钱和孩子的身心健康**　135

第八章 　**择校真的会影响孩子的成绩吗？**　139

公立、私立和特许学校，应该怎么选？　143

孩子需要上兴趣班和辅导班吗？　153

如何让孩子爱上阅读？　163

案例分析：孩子上私立学校所花费的钱值得吗？　178

第九章 　**兴趣班真的有用吗？**　183

兴趣班对孩子的身体和成绩有哪些帮助？　188

　　　　　　如何通过兴趣班塑造孩子的好性格？　203
　　　　　　兴趣班对申请大学有帮助吗？　211
　　　　　　是否要让孩子参加夏令营和暑期培训班？　214
　　　　　　案例分析：要让孩子参加夜宿营吗？　224

第十章　你的孩子真的快乐吗？　228
　　　　　　孩子的情绪会受到什么影响？　230
　　　　　　如何让孩子变得更自信？　239
　　　　　　案例分析：我的孩子欺负别人怎么办？　247

第十一章　孩子什么时候可以拥有手机？　252
　　　　　　使用电子产品真的会影响亲子关系吗？　255
　　　　　　社交媒体给孩子带来的都是负面影响吗？　266
　　　　　　案例分析：孩子什么时候可以拥有手机？　272

结语　279
操作手册　285
致谢　293

引言

当今父母在养儿育女的过程中迟早都会遇上一个大难题，即孩子会问："什么时候我才能有自己的手机？"也许有些孩子等到 10 岁才会跟家长要手机，但更可能的情况是，孩子 5 岁或 8 岁大时就开始向父母发难。

"我朋友都有手机了！""没手机人家就不会邀请我。""万一遇到什么事呢？难道你不希望我能联系你吗？""跟我一起参加网球集训营的劳伦就有手机，她还没我大呢。"要是孩子的朋友先用上了手机，他们就会把你当作中间联络人，不停地给你发信息，像是"你怎么样啦""想你"，再加上一堆乱七八糟的表情符号。不想收到此类信息？那恐怕还是给孩子买部手机为妙。

可是仔细探究一番后，你会发现网络上有各种各样的警示文章，比如《使用手机与青春期女孩的焦虑相关》，或是《研究表明使用手机会影响学习成绩》。有一篇报道声称硅谷的父母们不仅不让孩子接触手机，也不让他们玩塑料玩具。后者似乎不太现实，但禁止使用手机倒不是没有可能。可是，别人家的孩子好像都有手机呀？你真的要做那个与众不同的父母吗？是不是有些信息他们知道但你不知道？

这是一种新的育儿困境。身为父母,我们会有很多疑问,比如:把婴儿包裹起来好不好?孩子4个月或6个月大时应该喂固体食物吗?睡眠训练又是怎么回事?在育儿的过程中,你常常手足无措,因为你会不断地遇到新的问题。而且,父母们往往是在疲惫不堪、半梦半醒的状态下做出决定。

但是孩子大一些的父母会觉得解决上述问题易如反掌。比如要不要把婴儿包裹起来这个问题,答案是肯定的。这个答案是在数据、研究和证据的基础上得出的。包裹健康婴儿的做法被持续证明有效。而且,从大局来看,这个问题根本没那么重要。虽然包裹能让婴儿在早期获得更好的睡眠,但即使不这么做,也不会产生什么可怕的后果。

但什么时候给孩子买手机则是截然不同的问题。这方面的数据不多,相关研究也无法与婴儿是否应该被包裹的研究相提并论。几乎可以肯定的是,同样的做法用在不同孩子的身上,效果也会千差万别。那么到底要不要买手机?最好的答案是,即使是同一个家庭的两个孩子都要区别对待,更别提来自不同家庭的孩子了。

更麻烦的是,许多跟大一点的孩子有关的决定,问题本身也不太明确。比如说,手机有很多种,你是要买那种只能报警和给父母拨号的,还是买最新款、最酷炫的?也许你的另一半考虑的是给孩子买什么样的手机,而让你伤脑筋的却是到底要不要买。咱们先别急着解决问题——有时你们讨论的问题甚至都不是一回事。

本书关注的是孩子从5至12岁的阶段。首先，我们会跟随孩子迈入小学的脚步，然后再走过青春期的最初阶段。

与养育婴儿不同，在养育这个年龄段的孩子时，我们并不会频繁地遇到问题，但大多数问题都更加复杂。什么样的学校适合孩子？孩子多大时入学合适？怎样才能让孩子吃得更健康？孩子要不要学一项运动，如果是，要投入多少精力？你是直升机式家长[1]、放养式家长、鸵鸟型家长还是虎爸虎妈？

这些问题跟要不要给孩子买手机有共通之处：我们觉得它们都很重要，而且我们有时不知道该如何着手解决。显然，这些问题会让本已疲惫不堪的父母更加不知所措。

说到这儿，我们自然会联系到本阶段育儿工作的另一特点：统筹安排。对许多父母而言，在当今这个时代养儿育女是一项极其复杂、需要统筹安排的工作。对我来说，最能生动说明这一点的莫过于夏令营。

我弟弟有4个孩子。孩子多，要做的计划也多，所以当他发邮件告诉我他正忙着给孩子做夏令营的电子计划表时，我一点儿都不觉得惊讶。

那是11月。

我弟弟家的几个孩子参加了好多种营地活动，有运动营、夜宿营、帆船营，还有个叫"麝香鼠营"的活动。（我没把这种啮齿动物的名字写错吧？）夏令营在美国非常受欢迎，所以

---

[1] 直升机式家长是指望子成龙、望女成凤心切的家长，他们就像直升机一样盘旋在孩子上空，监视孩子的一举一动。

家长们得赶在感恩节前给孩子安排好第二年暑假的活动，否则就抢不到时间合适的夏令营。多数美国学校会放上 3 个月的暑假，所以对于有学龄儿童的家庭来说，夏令营是一项重头戏，要安排的事情非常复杂。

在我生活的地方，动物园夏令营是最受欢迎的活动之一。报名时间在 2 月份，一旦错过就没有机会了。也可能你报得晚了，只能给孩子选择其他家长挑剩下的时间，而这样一来，孩子就有可能跟他的朋友完美错过（人家孩子的父母可清楚地记得报名日是哪一天）。

即使你奇迹般地记住了报名时间，你还要面对一个问题：等夏季来临时，你得做很多统筹安排工作。我一直搞不明白动物园夏令营的一些做法，比如在开营前，他们会要求家长说明孩子喜欢吃什么口味的三明治。如果你忘了（是的，我忘了），那你不仅会在放学时听到孩子的抱怨，而且孩子到时候只能有什么吃什么。（通常是葵花籽全麦面包夹黄油和果冻——谁会喜欢这种奇怪的口味啊？）

你还必须安排好时间！比方说，动物园夏令营从早上 9 点开到下午 3 点，而 9 点前和 3 点后没人能照看孩子。也就是说，家里有个人必须得迟到早退，这任务是交给爸爸还是妈妈呢？那一周爷爷奶奶能过来帮忙吗？需要请个临时保姆吗？夏令营的费用很贵，请保姆也很贵。你需要安排的不仅是时间，还有金钱。

在我看来，这两件事——给孩子买手机和报夏令营——说明了当今这个时代育儿的两个关键问题。父母们每天面对的是统筹安排工作带来的一系列挑战，除此之外，父母还必须做出一些复杂、重大的决定，这些决定关系到孩子的未来，所以我们往往不知道如何下手。顺便说一句，我们做出的决定还会影响到后续的统筹规划工作。

再重申一遍，这些决定与养育婴幼儿时面临的挑战有本质的区别。在养育婴幼儿时，父母会有更多的相关数据提供支持（比如婴儿需不需要被包裹），而且问题刻不容缓。那些问题需要立即解决，而且也只能那样解决。

比方说，宝宝午睡时在婴儿床里拉屎了，弄得到处都是，地毯上也是——更要命的是，大便还是绿色的。你该怎么做呢？很显然，你应该迅速清理大便、洗床单、给孩子换块新的尿布、刷地毯。然后立即打电话给医生，咨询一下绿色大便是怎么回事。（顺便说一句，绿色大便其实并无大碍。）

这一通折腾确实消耗体力，而且多少会让你感到恶心，但问题很快就能解决。当小火苗出现时，你只要扑灭它，这事就翻篇了。

也许你并不喜欢照顾这个年龄段的孩子（说实话，我也不喜欢）。也许你期望等到孩子大一些，你就能更多地发挥你的优势，更好地养育孩子。这当然好啦！不过，就算你觉得做决定不难，比方说，上三年级的孩子要不要去外地参加足球比赛，你总得考虑这项运动是否适合他们，这种类型的团队运动对他们来说有哪些好处，要投入多少等问题。为什么现在就得让孩子参加这项运动呢?实际怎么操作呢?它会不会妨碍孩子参与你们更看重的其他活动呢?你怎么判断它是否比其他活动更重要?

这个问题涉及的数据不止一项——跟"绿色大便要不要紧"这个问题相比,它要复杂得多。我们需要非常多的数据,不仅是与足球运动相关的数据,也包括你们的家庭成员、家庭愿景、日常生活的安排等多方面的信息。而且,如果你选错了,最后你可能会陷入不开心的境地。

比方说你有两个孩子,一个孩子叫西蒙,9岁(三年级),另一个叫埃莉,6岁(一年级)。他们在几公里外的一所公立学校上学,早上7点30分有校车接送,下午2点45分放学。

你们的一天可能是这样度过的。孩子们6点半起床,穿好衣服,下楼。全家人一起快速吃完早餐,然后孩子们匆匆忙忙地出门去等校车(你得确认他们有没有带午餐卡)。妈妈和爸爸收拾好后就去上班了。下午3点15分,校车把孩子们送到家附近,临时保姆接到孩子后,把孩子带进屋。西蒙每周有两天放学后会踢足球,其他孩子家长会帮忙把西蒙送回家,到家是5点30分。15分钟过后,爸爸妈妈也到家了,大家同保姆道别。6点半,晚餐上桌了(嗯,也不是什么丰盛的大餐,就是意大利面,但没人不喜欢意大利面,我说的对吧?对吧?)晚饭过后洗澡,大孩子做一会儿作业,最迟8点半,两个孩子就都上床睡觉了。

这一天也可能这样度过。孩子们6点半起床,穿好衣服,吃早餐。孩子起床后没多久，妈妈就出门了，家里由爸爸照看。孩子们出去等校车时，爸爸就在家办公。下午3点15分，校车把孩子们送到家附近，由爸爸来接。孩子每周有一次音乐课，也是爸爸接送。每周有两天，大孩子去踢足球，小一点的孩子去上体操课，而且这两门课在同一个时段（先送大的去踢足球，接着送小的去练体操，体操课结束后，开车去接踢完足球的大孩子，回家）。大多数情况下，他们在6点半之前就能到家。俩孩子吃点东西，做会儿作业或者看会儿电视。妈妈7点左右到家。孩子们基本上会在8点半之前上床睡觉。孩子们都睡了之后，爸爸和妈妈才一起坐下来吃晚饭。

还有第三种情况。孩子们7点10分起床，在出门等车的路上吃一根谷物坚果棒。爸爸还没到6点就去上班了。家里乱糟糟的，妈妈在家收拾整理。下午2点半，妈妈去学校接孩子，然后带两个孩子在星巴克吃些点心，做作业，然后去溜冰场。花样滑冰课是下午5点到8点。为了节约时间，妈妈会给孩子们买好晚餐；如果这一天家里没什么事的话，她也会做些三明治带给孩子。7点左右，爸爸来到溜冰场，接手妈妈的工作，与孩子们玩耍。大人和孩子最晚9点到家（如果顺利的话），10点前上床。

从本质上看，上述的三种安排并没有什么问题。毕竟，安排家庭生活有很多不同的好方法。但是，当期望与现实产生矛盾时，问题就会出现。

如果你设想的安排是第一种，真实的状况却是第三种，那你可能会不高兴。如果你一直觉得一家人共进晚餐是头等大事，结果一周有 6 个晚上你们都在路上吃饭，那你必然会感到沮丧。

看起来你只需要做统筹安排方面的决定，但在这个年龄段，如何统筹安排是个大难题。你的孩子（和你！）在每天中的每一个小时做什么，会影响你的预算、你的时间，影响你的亲子关系。

我认为，要适应这个育儿的新时代，我们需要从根本上做出改变。我有两个孩子：女儿佩内洛普和儿子芬恩。我是一名受过专业训练的经济学家，也当了多年教授。我的工作围绕数据展开。我从事健康方面的研究——人们为什么会做出这样或者那样的健康选择？同时我也研究从数据中学习的方法。我想要解决的是这样的问题：为什么这项证据比其他证据更可信？有什么办法能让我们从不完美的证据中获取信息？

从我怀上佩内洛普到两个孩子度过幼儿时期，我把从数据中学习的技能应用到了育儿工作中。只要遇到问题，几乎所有与怀孕或与孩子有关的问题——应该做什么类型的产前检查，要不要做硬膜外麻醉，是不是真的需要母乳喂养孩子到 2 岁，要不要做包皮环切手术，要不要训练孩子使用便盆，幼儿是否能接触电子产品，我的第一反应就是搜索相关的学术研究文献，以系统性的数据和证据为参考。坦率地说，即使遇到不那么重要的问题，我也会那么做。（比方说，当佩内洛普还是个婴儿时，我不知道要不要给她戴婴儿手套，于是我找了一些论文来看。)

数据并不总是完美的,确实,有些部分可以说非常糟糕,但对那些我认为意义重大的关键决定,至少有些数据可供参考。以母乳喂养的好处(或坏处)为例,虽然相关证据有一些漏洞,但仍然有许多可借鉴之处。以这种方法为基础,我写了《一个经济学家的怀孕指南》与《一个经济学家的育儿指南》两本书。

我想我会永远依赖这种方法。但随着孩子的成长,问题发生了变化。我发现这种以数据为导向的方式在解决问题时并不能完全奏效。这并不是说育儿的问题不那么重要了,而是因为它们变得更具体、更独特了。单凭数据解决不了问题。

例如,我们正在给孩子选择合适的学校。我的确能找到关于学校的数据和研究文献。但这些研究非常笼统。学术文献不会提出这样的问题:"在我能做的选择里,哪个最好?"再比如说,我们想了解夜宿营的情况,可如果你上网搜索"我的孩子现在能离家过夜吗"这样的问题,你根本搜不到答案。更不用说那些社会性问题,比如霸凌、挑战性行为、焦虑、自尊等,我们甚至都不知道该如何具体表述。

我也很想两手一甩,认定数据对育儿没什么用,然后放弃一切系统化的研究,凭直觉做决定,或者想到什么就做什么。但这样做不对。有些数据是有价值的。我仍然需要找到最好的证据,挑出有价值的数据,剔除没价值的数据。但光有这些数据仍然不够。我需要为这些数据提供支撑,无论它们是否有价值。

一方面，我们需要更多地思考我们提出的问题，以及如何表述我们的问题。"绿色大便正常吗？"这是一个非常简单的是非问题。但"什么样的学校合适？"这样的问题就太模糊了。一旦提问方式出错，你就无法找到你需要的数据。如果你问的是："在这个时候，我给孩子选择学校 A 好呢，还是学校 B 好呢？"这样就精确很多。当然，这意味着你在开始搜寻证据之前要先想好你有哪些选择。你需要停下来，先想一想如何表述这个问题。比如，在择校方面，你有哪些备选项？

在育儿的早期阶段我们也会遇到问题，但等孩子大一些后，我会思考：问题是什么？更多时候我会发现，要想向前迈进，我和丈夫杰西就得退后一步，先想好如何表述问题，再去考虑收集适当的证据。

除此之外，我们还要做其他调整。我们一直都很清楚，家庭的偏好很重要。事实上，《一个经济学家的育儿指南》的核心观点是，关于是否要母乳喂养，要不要让孩子做睡眠训练等问题，不同的家庭会做出不同的选择，而且家庭的偏好应该在父母的决策过程中发挥重要作用。但现在我们所做的每一个选择都是互相关联的。我们有必要退后一步，更仔细地思考总体情况，思考我们家庭的基本结构。我们不能再把个人决定与这些更大的问题割裂开来。

现在我们再回到前文描述的三种情况。让孩子正儿八经地学滑冰的决定并不是孤立的。它会影响到一个家庭一天、一周乃至一整年的生活。这是一个重要的选择。我们希望一家人共进晚餐,还是让孩子去上滑冰课,这是一个选择,而不是两个。

思考得越多,我就越发意识到,我们开始像……嗯,经营一家公司一样经营我们的家庭。这并不是说我换了个工作,我只是把统计方法研究员的身份切回到以前商学院教授的身份。在来布朗大学工作之前,我在芝加哥大学的布斯商学院工作了5年,给MBA学生教授微观经济学。我花了很多时间向学生们解释,如何利用经济学提供的工具来规划他们未来的商业行为,并为那些想大胆创业的学生提供指导。

我突然领悟到,我向他们传授的经营企业方面的经验,对我如何经营自己的家庭也很有价值。这个想法之所以会变得清晰而明确,是因为有一次杰西和我要与8岁的佩内洛普讨论下一学年的安排。我提前做了一份供大家讨论的议程表和日程表。(那次讨论很成功!佩内洛普和杰西在我起草的日程表中发现了一些错误,但我觉得它基本上还是很成功的。)

要管理好这一阶段的家庭生活,我们需要方法和流程,而这与管理好企业所需的方法和流程并无不同。不过我认为,即使人们每天在工作中都会用到这些方法,也不一定能发现它们在家庭生活中的用途。

假设你的工作是管理一家护发用品公司的洗发水生产线。现在有个机会出现了,你要收购一家生产某种香型的洗发水的小公司。你要开始做决策,最开始想到的问题可能是这次收购是否符合本公司的理念（例如，也许你们公司的理念是"天然无香"，那这次收购就不太适合）。你会看一下这家小公司的销售数据，看他们的品牌做得是否成功。你会召开会议，具体地思考决策（我们应该出价多少美元？）。你会使用日程管理工具，比如某种任务管理软件，你也会考虑收购的好处和坏处。最后，你会做出决定，然后接着做下一件事。这一决策过程井然有序，至少在理论上是这样的，但家庭事务的决策很多时候可不是这样。

现在设想一个你也许比较熟悉的家庭场景：是否该让孩子去外地参加足球比赛？教练邀请9岁的索菲亚去外地比赛，她真的很想参加，她最好的朋友也参加了。要是你不让她参加，你就"毁了她的生活"。

你很想根据当下的情况做决策——孩子发了多少牢骚，其他父母是怎么做的，或者根据你的直觉做判断。但你应该更仔细地考虑这件事。如果决定让孩子参加比赛，意味着整个秋天索菲亚每周要花4个晚上参加训练，周末还有一天（至少！）要参加比赛。也就是说，这件事会成为你们生活的重要组成部分。不让她去吧，又会毁掉索菲亚的生活。真是让人左右为难。

你应该给予这项决策足够多的关注，就像你决定要不要收购洗发水公司时那样。这是否符合你家的"理念"？它是否符合你的基本价值观，与你认定的家庭生活的核心部分是否相冲突（例如，一家人一起吃晚餐对你来说可能非常重要）？你需要看一下数据。踢足球有什么风险（比如脑震荡）或好处（比如帮助孩子养成健康的生活方式、团队运动的好处）？你需要思考一个具体的问题：索菲亚应该报名去外地参加比赛吗？你还有哪些备选项：不让她踢足球？在本地踢足球？让她学排球？

和决定要不要收购洗发水公司一样，这项决策也需要遵循一系列流程。你需要开家庭会议，也许还要提供一些共享文件。你不一定需要使用专门的办公软件，但保留好你们的讨论记录是明智的。决策流程结束后，你会做出决定，而与临时做出的决定相比，这项决策会更经得起推敲。

你也许会注意到，这似乎是一项很繁杂的工作。的确是这样。相对于当下的直觉反应，经过深思熟虑的决策将花费更多时间。但我想说的是，预先花些时间能为未来节省很多时间，也能为你免除很多麻烦。如果你一时兴起决定让孩子参加比赛，将来你们每周都要花几个钟头争论周末由谁负责送孩子去外地踢球，这不仅会浪费大量时间，还会引发家庭矛盾。

此外，提前做好重大决定有时能让你在小事上更快地做出决策。比如，我在本书中主张应该仔细思考一家人一起用餐的问题：你们希望一起吃哪一餐？如何准备这一餐？如何协调分工？一旦你们做出了决定，其他小事情就能很快确定下来。

我女儿佩内洛普参加的运动项目主要是跑步，之前她也学过一段时间足球，但踢不太好。大概在她上二年级时，班上一位同学的家长告诉我，有一个青少年跑步俱乐部每周会在当地的高中举办两场集体活动。从表面上看，这对佩内洛普来说可能是个好机会——她不仅能与妈妈之外的人一起跑步，还可以在团队的氛围中锻炼身体。

可我仔细问了一下，才知道活动的时间是下午 6 点，而每天晚上 6 点全家人都要一起吃晚饭是我们家的核心原则。所以我们根本就不用考虑要不要参加，我甚至都没必要跟其他人提起这件事。

你也许会做出完全不同的选择，但我认为，有学龄儿童的家庭都会从主次分明的决策过程中受益。这本书本质上是一本"商业"书籍，讲的是关于养育孩子的"生意经"。我会帮助大家勾勒出一个框架和一些体系。这是一种像经营公司一样经营家庭的方法，我称之为数据育儿法。我也会说明为什么这种方法适用于新的育儿时代。

具体来说，首先我们要勾勒出"家庭愿景"，你需要仔细思考你的家庭和你（们）的养育方式。你希望拥有什么样的家庭生活？家庭生活也许平凡琐碎，但我们可以用一种基本结构来概括。你希望一家人一起吃饭吗？哪一餐一起吃？一天结束时情况如何？上床时间是早还是晚？周末怎么安排？你在周三期待着周末到来，看到日历上写着孩子在周末要参加一堆兴趣班和社交活动，你会很高兴吗？还是希望一家人共度周末？

家庭愿景会涉及一些大问题。你希望夫妻双方都出去工作，还是喜欢更传统的家庭模式，让妈妈留在家里照看孩子？也许是不那么传统的家庭模式，比如说爸爸在家照看孩子？从更广泛的层面来看，你需要思考你的育儿理念——你想在多大程度上鼓励孩子独立,你想为他们提供多少支持?

确定家庭愿景可不像顺带思考一下那么简单。我建议你坐下来——独自一人,或者与你的伴侣(如果有的话)、与家庭利益相关的人一起,思考(或者讨论)清楚你们想要什么样的生活。这项工作随时都可以进行(甚至在有孩子之前讨论也有一定的好处),不过等到孩子上幼儿园时你需要重新审视它们,这个时间点比较合适,因为如果孩子全天都在上学,家庭生活的统筹安排会发生变化。

也就是说,你需要做很多前期工作,但你会立即得到回报。有了家庭愿景的好处就是分配任务时会更顺利。一旦你弄清楚了一些基本原则,做决策的任务就可以分派出去——某个家庭成员可以立即做出决定,而不需要与其他家庭成员再去商量。这样一来,分配任务就变得更容易,反过来还可以减少家庭冲突。

你与伴侣发生冲突的原因有很多,但在育儿的这一阶段,我敢说,至少有一些冲突是由某些家庭成员事无巨细的做事风格引起的。我还敢说,有一部分家长会在家里这么做,但在工作中却不是这样。比方说,你的公司每周会为员工提供一顿午餐,而你负责订餐。通常你会订一些三明治、饼干和饮料,大家都挺喜欢的。

但这一周你要忙一个项目,所以你问同事能不能帮你订餐。他表示没问题。

然后你的同事开始在电脑上点餐,而你忽然忍不住走到他身旁,开始品头论足:"别点那么多火鸡三明治,没人喜欢火鸡肉。不对,你不该点这种素食三明治。也别点那么多花生酱饼干!等等,我一般不会点水果的。你怎么回事啊!"

实际上你永远不会这样做。

为什么呢?首先,这是浪费时间。请同事帮你做这件事是因为你要忙你的项目。第二,这么说话很不尊重别人。我们不会对其他的成年人这么说,也不会对你信任、尊重和合作的人这么说。最后,你关注的细节其实并不重要。也许有人喜欢火鸡三明治。即使有人不喜欢,最坏的情况不过是这周有些人吃了一顿不那么中意的午餐。设想你现在换了一个身份,你是那个帮5岁的孩子为夏令营做好准备的人:你会给他穿上鞋袜,收拾好他的零食,帮他涂好防晒霜。但这天早上,你正在给2岁的孩子讲故事,所以你请你的另一半帮孩子做准备。

讲完故事后,你下楼去看看孩子准备得怎么样了。"不能穿这双鞋!他不喜欢吃这么熟的香蕉!他从不吃有黑斑的香蕉!早上应该用绿色防晒喷雾,不是蓝色喷雾!"

也许你也不会这样做。但我敢打赌,这段话听起来比工作场景中的那段对话要合情合理得多。

然而,不这样做的理由是相同的。你在浪费你的时间。你不尊重你的另一半。而且这些细节根本不重要。孩子穿什么鞋并没多大影响。也许孩子并不像你想的那样,不吃有黑斑的香蕉,而就算你说得对,孩子一天不吃水果也没什么大碍。还有,你为什么要买两种防晒喷雾呢?

但我并不是说在这一决策过程中你们没什么可商量的，例如，你们可以提前商量好给孩子吃哪种零食。那是你们家的家庭愿景的一部分。这样做的好处是你们不必每天早上都讨论孩子是否可以吃巧克力片燕麦棒。现在任何人都可以做决定，包括你的伴侣，而他（她）会做出非常合理的决定，虽然他（她）具体选什么也许跟你期待的不一样。

在日常生活中，家庭愿景的选择将决定你的行为。但你并不能一次性做好所有选择。

你会时不时（甚至更频繁）遇到更大的问题：选择什么学校，如何看待家庭作业，选择哪个夏令营，如果孩子被欺负（或者欺负别人），该怎么办？本书的第一部分内容是为这些重大决定设计一个框架。

这个框架的目标是回答"我们怎样才能做好选择"的问题。请注意，问题不是"我们怎样才能做出正确的选择"，因为你不能保证你能做出正确的选择。父母在育儿的过程中都会犯错。有时你做出的选择被证明是错误的，这也不可避免。你能做的就是正确看待它，审慎地做出选择。

当你的家庭面临重大选择时，我会推荐 4F 步骤法。

▼ **明确问题**（Frame the Question）。思考你想问的问题。这往往是最难的一步。它也许看起来很容易，但很多时候我们最开始的问题太模糊了，根本没法回答。比如，"什么样的学校合适？"就不是一个很好回答的问题。更好的问题是："我们应该把孩子送到 A 学校还是 B 学校？"

▼ **收集信息**（Fact-Find）。收集你需要的证据、数据和细节。你需要了解更多关于如何统筹安排的信息，并思考如何才能发挥这些信息的作用，或者干脆不使用这些信息。你也需要了解每种选择的好处和风险。显然，这一步花费的时间最多，需要把所有的因素都集中在一起考虑。

▼ **最终决定**（Final Decision）。一旦有了证据，就可以召开家庭会议，在会议上做出决定。家庭会议很重要，但我认为家长往往会忽略具有决定意义的会议，反而在收集到不同的信息后一次又一次地重新考虑问题。家庭成员应该集思广益，一次性做出决定，然后继续推进。

▼ **后续评估**（Follow-Up）。大多数决定都需要进一步跟进。一旦你做出选择并付诸实施，最后一步就是制订一个具体的计划，在计划中写清楚你何时会重新审视你的选择。希望你做出了正确的选择，但如果没有，最好尽早重新考虑。

4F 步骤法把家庭愿景、以此为根据制订的时间表和原则，以及能帮助我们应对频繁出现的问题结合起来，为数据育儿法提供了整体结构。不过，你可能想知道，数据在哪里？虽然到目前为止我一直在强调决策结构的重要性，但本书的大部分内容都与数据相关。那么，哪里能找到可借鉴的数据呢？

答案很简单：数据无处不在！更具体地说，我们在确定家庭愿景和做决定的过程中都需要数据。举个具体的例子，一家人是否一起用餐的问题是家庭愿景的一部分。你希望全家人每天晚上一起吃晚饭吗？这涉及很多问题。但其中一个可能是，这对孩子的身心健康是否重要？

（我的朋友本告诉我，他们家人在一起吃饭是因为听别人说，如果父母不陪孩子吃饭，孩子长大后会具有攻击性甚至反社会性。显然，如果他听到的是真的，这就是你在做决定时需要权衡的一个因素）。

但如果没有证据，我们就无法知道一家人在一起吃饭与孩子的表现是相关，还是以讹传讹。你需要数据，就像在怀孕和早期育儿过程中做出的很多决定一样，你需要区分好的证据和不那么好的证据。一家人一起吃饭与孩子更好的表现也许相关，但这并不意味着两者之间存在因果关系，也可能是全家一起吃饭的家庭在其他方面也有不同之处。搞清楚是存在相关性，还是因果关系，是这项工作的一个重要部分，这一点也适用于我之前的两本书。

在决定一些具体的事情时（比如择校，让孩子从事哪项运动或者上什么兴趣班，要不要让孩子接触电子媒体），我们也会发现数据很重要。这些数据并不总是针对某项特定的决策。事实上，我们在考察证据时，比如家庭作业究竟有没有用，我们会发现，这些证据在许多家庭决策中都会起到非常关键的作用，尽管每个家庭最后做出的决定可能并不相同。所有这些数据都会对 4F 步骤法中的第二步也就是收集信息有帮助，而无论具体的问题是什么。

如果没有例子，大家将很难了解这一切如何运作。因此，之后我会给大家举个例子。具体来说，这是学龄前儿童的家长们大都会遇到的问题：要不要让孩子晚一年上幼儿园？我希望这个例子能帮助你了解解决此类问题的方法，即使你不需要面对这个问题。

然后，我会详细介绍这一方法。首先，我会介绍"家庭愿景"的概念，并说明这样做可以帮助你更快地做出日常性的决定。接着，我将解释更多关于4F步骤法的细节。最后我会介绍一些有用的工具，你会了解我对任务管理软件以及其他对统筹安排工作有帮助的计算机软件有多么喜爱。

本书的第二部分会转向我认为对确定家庭愿景有帮助的数据：包括睡眠、营养和育儿有关的数据，我也会讨论这些数据能否指导你应该成为什么样的父母。

在最后一部分，我会用案例研究的形式更深入地挖掘数据。例如，我会讨论我们能收集到的关于学校的数据。然后，我将以一个与学校有关的问题为例，告诉你如何用数据育儿法来解决这个问题。就像在真正的商学院做案例研究一样，你很可能不会遇到完全一样的问题，但我们可以从问题中学习，而且我们也应该这么做。探讨一个精心设计的例子可能是直观地了解如何解决问题的最好方式。

养育这个年龄段的孩子有点可怕。我的意思是，虽然各年龄段的育儿工作都很可怕，但这个年龄段的孩子令人生畏，而年龄小一些的孩子则不是这样。如果这个年龄段的孩子的父母把事情搞砸了——说错了话，做错了决定，就得面对更加极端的后果。但我们也拥有更多可能性！我们有喘息的空间，可以花更多的时间做选择，了解适合自己家庭的生活方式。

在某种程度上，你可以认为你升职了。我们现在都是管理人员了。升职总是如此：虽然做领导是件好事，但有时我们希望有人能告诉我们该做什么。不过我建议我们还是对升职表示欢迎，而不是惧怕。我们可以做到这一点，数据育儿法可以帮助我们。

人们常说，为人父母是一份工作（不过是没报酬的，而且员工会经常告诉你他们恨你，你毁了他们的生活）。也许现在是时候把它当作一项工作了。

要不要让孩子推迟入园？

在过去，孩子到了学龄就会去上学，美国孩子一般是满5周岁后的9月份入学（美国K-12教育的幼儿园阶段），不过也有些学区规定的入学年龄不到5周岁。

当然，凡事总有例外。在我小时候，有些生日在8月底的孩子会推迟一年入学，因为家长认为刚满5周岁的孩子可能很难适应校园生活。但总体来说，入学时间是由年龄决定的，家长没有太多的选择或考虑。

但这已经成为过去。我们已经进入了"红衫"时代。

"红衫"原指那些被美国大学招募，但推迟一年参加比赛的体育生（通常是橄榄球运动员），这样他们在大学四年中就会拥有比同龄人更强壮、更高大的体格。这个术语后来也被应用于儿童。现在，家长大多会考虑让孩子当"红衫"，也就是把上幼儿园的时间推迟一年，这样孩子上小学时年龄会大一些，想必也更有能力应对校园生活。也就是说，推迟入学的不仅仅是在夏天过生日的孩子。据新闻报道，上半年过生日的孩子的家长有时也会考虑这么做。

为什么要这样做呢？

主要原因似乎是，人们觉得如果孩子的年龄比同年级孩子的年龄大一些，他们会做得更好；相反，如果年龄太小，他们可能会处于劣势。一个刚满5岁的孩子和一个就要满6岁的孩子可能存在很大的差距。我们担心的是，如果同年级的学生中自己的孩子年龄最小，他们开始时会很难跟上学习的进度，或者无法与年龄大得多的同学建立社交关系，而这将产生短期和长期的影响。

实际上有很多证据表明，在运动方面，儿童的年龄很重要。优秀的运动员，无论是青少年还是成人，生日更有可能出现在青少年运动年龄分界线的一边。比如说，少年棒球联盟招募球员的年龄分界是8月1日，所以8月出生的职业棒球运动员比7月出生的要多。这意味着如果你的生日是8月1日，那么在同一批招募进来的孩子中，你的年龄最大；如果你出生于7月31日，那么你的年龄最小。而年龄大的孩子体格更高大、更强壮，更有可能（虽然概率仍然非常、非常之低）参加大学生棒球联赛和职业棒球联赛。

但幼儿园不是体育联盟，个头大并不一定是成功的关键。平均而言，进入幼儿园时比同年级小朋友大的孩子更早接触到字母、数字、颜色和形状，这当然是事实。而且，幼儿期年龄更大的孩子能更好地静坐和保持专注,这在某些幼儿园中也会有帮助。

浏览网络上的信息后,你也许会认为父母都是等孩子长到八九岁再送他们上幼儿园。那么事实真的是这样吗?

我们可以在数据中找到答案。一个简单的方法就是看一下过去几十年来在美国就读小学一年级的孩子的年龄发生了怎样的变化。在下图中我们可以看到已入学的全部6岁儿童(虚线)和在一年级或更高年级就读的6岁儿童(实线)的比例。在1968年,这两条线几乎是重合的,也就是说,当时几乎所有6岁儿童都在一年级或更高年级就读。但到了2005年,只有大约84%的6岁儿童在一年级或更高年级就读,这意味着还有16%的儿童在上幼儿园。而我们没有理由认为这种趋势不会持续到现在。

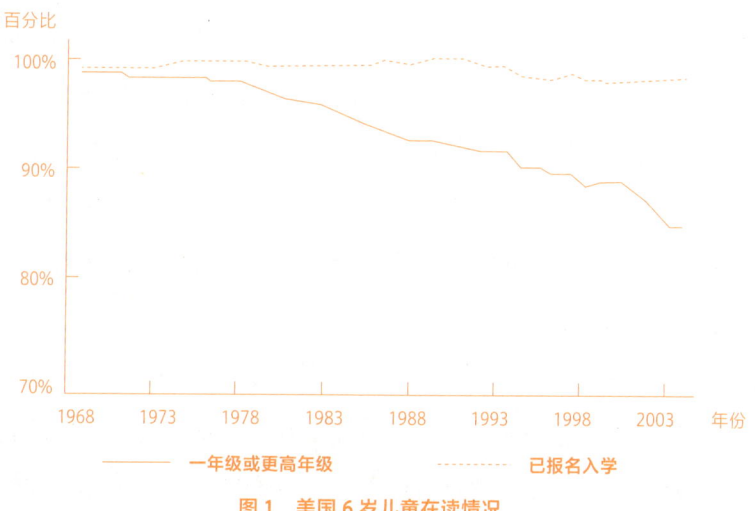

图1 美国6岁儿童在读情况

换句话说，在 1968 年，几乎所有的孩子都是在 5 岁上幼儿园，6 岁上小学一年级。到 2005 年，16% 的孩子在 6 岁上幼儿园。

这一总体趋势告诉我们，平均而言，孩子们上幼儿园的时间推迟了。但它并不能彻底解答关于"红衫"的疑问。有些孩子入学晚的原因是学区随着时间的推移改变了招生年龄的截止日期，这意味着即使孩子按照年龄标准入学，在 2005 年入学的孩子的年龄也比在 1970 年入学的孩子的年龄大。

但是，通过更细化的数据，我们实际上有可能观察到有多少学生推迟入学。2013 年发表在学术期刊《教育评估与政策分析》上的一篇论文研究了两个在全美具有代表性的数据集，其中有关于儿童出生日期的详细信息。研究人员将这些孩子与他们居住的州对应起来，然后将他们的入学日期与所在学区的入学日期进行比对。

作者发现，平均而言，约有 4% 的孩子推迟入学。其中绝大多数孩子——几乎全部——是在入学年龄截止日期前 3 个月内出生的。换句话说，除非孩子入学后会成为同年级年龄最小的学生，否则家长多半不会这样做。男孩推迟入学的可能性是女孩的两倍，这与通常的说法一致，即与女孩相比，这个年龄段的男孩发育要慢一些。

（有趣的是，作者发现约有 2% 的学生是"绿衫"，也就是会提前入学。这些孩子的生日往往刚好在入学年龄截止日期之后。无论让孩子提前还是推迟入学，我们做决策时都遵循同样的原则,但前者可能不太常见,因为许多地区不允许这么做。)

4%的比例看起来很小,但由于这些孩子几乎都在入学年龄截止日期前3个月内出生,所以实际上意味着在夏天出生的孩子大约有16%推迟入学。对男孩来说,样本中有5.2%的男孩推迟入学,超过20%在夏天出生的男孩推迟入学。

此外,孩子与所在学校的人口统计学特征也会影响推迟入学的百分比。来自高收入家庭的孩子更有可能推迟入学,而且在高收入学区,推迟入学的情况更多(可能由于这些家庭能更轻松地负担日托机构的费用)。研究人员估计,在某些学区,在夏季出生的孩子有60%在6岁入学,而不是5岁。

这些数据也许能帮助我们明确问题的范围。它告诉我们,如果孩子的出生日期刚好靠近入学年龄截止日期,这很可能是一个重要的决定。你也许会读到有些父母让冬天出生的孩子推迟上学,但这些例子不具有代表性。你仍然可以选择这样做,但孩子快7岁才上幼儿园不太符合常规。

数据表明,如果孩子的生日正好距入学年龄截止日期不远,那你和很多家长一样,需要仔细考虑你们的决定。而且这很重要!即使它对孩子没有长期影响,也还是会影响家庭生活的统筹安排。

为什么要用 4F 步骤法解决问题？

是否让孩子推迟入学的决定代表了这一时期父母要做的许多的艰难选择。之所以很难，是因为牵扯到很多可变因素，需要我们从多方面考虑。我们首先要了解数据：入学对孩子的影响如何？我们了解吗？还有家庭：这与家庭的其他目标一致吗？要考虑统筹安排工作，也许还要考虑预算。这意味着我们需要评估，也许还需要在这项决定与其他家庭核心价值之间权衡。

4F 步骤法正适用于这种决策过程。关于这一方法的细节，我会在本书的第一部分详述。我们先来看看如何用这一方法确定孩子的入学年龄。

◆ **明确问题**

也许这个过程中最难的就是第一步：明确问题。在深入细节之前，结合你们家的实际情况，你需要弄清楚你的问题是什么。就这个决定而言，第一个问题可能是"这与我的家庭有关吗？"

还有一些情况——比如"应该给孩子买手机吗？"——你必须做出决定，因为没有明显的默认选项。而关于入学年龄，有一个明确的基准选项：孩子所在学区的标准入学年龄是几岁，就让孩子在几岁上学。你们是否有足够的理由考虑做出调整，这可能是第一次家庭讨论的侧重点。

一个关键问题是你孩子的出生月份——是 8 月底还是 5 月底出生的？在后一种情况下，没错，你更有可能做出的决定是按照学区的标准入学年龄入学。

同样重要的还有统筹安排工作。如果让孩子推迟一年入学，那他们这一年要做什么？有其他的托管方案吗？这是否会对家里其他已上学的孩子产生影响——比如说，如果孩子晚一年上学意味着他会与弟弟或者妹妹在同一年级就读，那么这也许不是让孩子晚上学的好理由。另一方面，如果晚一年上学可以避免与哥哥姐姐在同一年级就读，这也许会成为你决定这么做的依据。

最后，你也许想做一些尽职调查，确定孩子将要就读的学校或学区能接受多大年龄的学生。从家长的角度来看，朋友家有稍微大一点的孩子会很有帮助，你可以了解学校的情况并征询他们的意见。从学校的角度来看，你会发现有些学校实际上默认生日接近截止时间的孩子会晚一年入学，而有些学校并不认可。还有一些学校提出了一些创造性的解决方案，例如"过渡性幼儿园"。在讨论你们的备选项之前，你一定想了解一下什么是"过渡性幼儿园"。

你或许需要召开家庭会议来确定你们的问题，也许一次会议还不够。你可能想在开会之前留出足够多的时间来收集你需要的证据，但也不能提前太多，因为那样你无法收集到所有相关的证据。偶尔会有预产期在夏天的准妈妈问我推迟入学的问题，这也许是因为她们与另一半（或者自己的母亲）意见不同且发生了争执。但怀孕时我们无法做出决定,因为这取决于五六年后的情况,比如孩子的心智发展状况,你们住在哪里等等。

你可能会发现,事实上,默认选项也不错。但第一步中你想到的解决方案通常不是最终的决定。你需要收集哪些证据?问题明确之后你才知道应该去哪里收集证据,然后再去搜集。

◆ 收集信息

育儿早期所需的大部分证据都是基于数据的。比如关于母乳喂养短期和长期的好处,数据到底是怎么说的?再比如训练宝宝使用坐便器:什么时候开始合适?是否有任何基于数据的建议?

但到了5~12岁这个阶段就不一样了。很多时候,除了数据,你还需要收集其他种类的证据。比如,如果影响入学时间的关键问题是统筹安排工作,那你需要收集的可能是除了幼儿园之外的托管机构的相关信息。如果关键问题是财务预算,那你需要的是财务规划工具。这时家庭决策工具箱会很有帮助,我将在本书的第三部分讨论如何利用工具箱来处理这样的问题。

但解决问题一般都离不开数据,确定入学年龄也不例外。

◆ 数据能告诉我们什么

晚点上学对孩子来说是好是坏?

在得出结论之前，我们先试着弄清楚该如何回答这个问题（或不回答）。一个简单、直观的方法是比较 5 岁入学的孩子和 6 岁入学的孩子的一些数据（例如考试成绩）。或者，如果想更细化地观察，你可以只比较 5 岁入学的孩子，比如看看 5 岁 3 个月和 5 岁 6 个月入学的孩子有什么不同。

但这种方法有一个基本的问题：有些父母会根据孩子在其他方面的情况来选择入学时间。也就是说，如果比较在不同时间入学的孩子的数据，你会得到一个误导性的答案。

具体来说，如果幼儿园入学年龄的截止日期是 9 月 1 日，那么在当年 8 月份出生且按时入学的孩子就是幼儿园里年龄最小的孩子。

如上文所述，数据显示，一些父母会选择让他们的孩子晚一些入学。哪些孩子会晚入学？数据告诉我们，这些孩子更有可能来自拥有更多资源的家庭，但也可能是缺乏准备的孩子。比方说，假如在 8 月出生的孩子 4 岁时就能流利地阅读，你也许会送他去上学。

但这两种情况——以及其他你可能想到的情况——告诉我们，孩子的实际入学年龄与孩子和家庭的其他特点有关。经济学称之为"内生"，我们可以说："入学年龄与人口特点和个人特点之间存在内生关系。"下次参加聚会时，你可以用这句话开场。

反过来，这意味着如果我们只看孩子的实际入学年龄，并将其与他们的表现联系起来，我们将很难了解到底是入学年龄造成了差异还是其他因素造成了差异。

幸运的是,这个问题有一个解决方案:我们可以不看孩子的实际入学年龄,而是看孩子应该入学时的年龄。假设9月1日为入学年龄的截止日期,如果孩子的生日是8月1日,那么按照默认的标准,在不推迟入学的情况下,孩子入学时的年龄应该是5岁1个月;如果孩子出生于1月1日,入学年龄则是5岁8个月。由于实际上大多数孩子没有推迟入学,所以平均来说,8月出生的孩子在入学时的年龄比1月出生的孩子更小。

通过比较8月出生的孩子和1月出生的孩子,我们可以了解入学年龄的影响。当然,有些8月出生的孩子确实推迟入学了,但只要8月出生的孩子的平均入学年龄比1月出生的孩子更小,这一数据就有参考价值。事实上,我们可以把时间节点拉得更近些,比如比较8月出生的孩子和7月出生的孩子,这样就能在年龄差异更小的情况下得出相关结论。

大多数文献都用这种方法研究在不同年龄入学的孩子产生的不同结果。

我们先说重点。有些表现必然与入学年龄有关,因为研究调查的是孩子在每一学年结束后的表现。如果孩子晚一年入学,会直接导致两种后果。首先,这会影响孩子受教育的年限。在美国,孩子满16岁就可以辍学;因为入学年龄不同,所以选择辍学的孩子可能在上十年级,也可能在上十一年级。让孩子晚一年入学意味着他们受教育的年限可能会缩短。

经济学领域最为著名的论文之一《义务教育是否影响受教

育情况和收入？》通过数据分析研究了入学年龄与受教育年限之间的关系。(这篇论文最著名的是它的研究方法，但我在本书中会重点讨论其结论。)作者发现，由于出生时间的差异而入学时年龄较大的孩子平均受教育的年限更短，因此，他们成年后的收入也更低。

第二个直接影响是，如果受教育的年限一样，晚入学的孩子会更晚进入劳动力市场。数据显示，跟同龄人相比，他们在早期的收入会比较低。当然，如果你看一下他们在 24 岁时的总收入，你会发现，在 22 岁完成大学学业并开始工作会比在 23 岁完成大学学业并开始工作的总收入要高。然而，这种差异似乎会随着时间的推移而逐渐减小，最早在 30 岁时就可能消失。

我的猜测是，大多数父母在决定何时让孩子入学时不会考虑这两方面的影响。这也许有道理，因为美国高中生的毕业率很高，而入学年龄对收入的影响比较短暂。

另一方面，父母在权衡时还应该考虑到驾驶安全的问题：较晚入学意味着孩子刚上高中就能拿到驾驶执照[1]。这可能是好事，也可能是坏事。就算你不担心 4 岁的孩子学骑平衡车[2]时的安全问题，也得注意驾驶的安全。

然而，除了驾驶安全这种长期的影响，也有证据表明入学

---

1. 美国大部分州规定 16 岁就可以合法获得驾照。——译者注
2. 通常孩子在 18 个月到 2 岁大时开始学骑平衡车。——译者注

年龄会产生短期影响。这些影响包括考试成绩和学习差异[1]。

首先我们来看挪威的一项研究，该研究以出生时间为切入点研究了入学年龄对考试成绩的影响（该研究证明入学年龄对长期收入也有影响）。在数据方面，这些研究者有一个有趣的优势：他们既收集了学校测试的成绩，也收集了校外军事测试的成绩，而每个挪威人到了18岁都要参加这项测试。这意味着他们可以研究入学年龄对学生在特定年级（入学年龄更小的学生在接受测试时的年龄更小）和在特定年龄（入学年龄更小的学生受教育的年限更长）的测试成绩的影响。

研究人员发现，首先，入学时年龄较小的孩子在军事测试中表现稍好一些，这可能是由于他们受教育的平均年限更长。如果你的目标是18岁时能考出最高的分数，那还是早一点入学更好。然而，另一方面，他们发现，如果查看在某一特定年级的考试成绩，较早入学的孩子成绩差得多。比同年级的孩子更小似乎预示着学习成绩更差。

这一结论与其他研究人员收集的多种数据表明的情况一致。平均而言，入学年龄较小的孩子的考试成绩比同年级其他学生差。他们也更有可能在低年级（幼儿园、小学一年级或二年级）留级。（稍后我会再讨论这一事实，我认为这不一定是坏事，可能只是反映出父母在面对新的信息时想法发生了改变。）

---

1. 学习差异指学习者不同的学习方式和学习速度。——译者注

考试成绩和在学校的表现只是一个方面。另一个非常重要的影响是对学习障碍的诊断，最明显的是多动症（即注意缺陷多动障碍，简称 ADHD，俗称多动症）。我们可以在 2009 年发表在《人力资源》上的一篇论文中找到这方面的详细证据。作者收集了美国多个州关于入学截止日期的数据。如前文所说，他们可以通过观察在不同月份出生的孩子的数据来研究入学年龄的影响。

该论文的重点结论是，早一年入学的孩子被诊断为多动症的概率增加了 2.9 个百分点。基线诊断率约为 4.1 个百分点，也就是说概率增加了 70%。这个增长幅度确实很大。每 100 个入学的孩子中大约有 4 个会被诊断为多动症，但每 100 个提前入学的孩子中有 7 个会被诊断为多动症。

接下来我们要弄清楚的是如何解读这个结论。研究者使用的方法能分离出入学年龄的影响，并不是说较早入学的孩子更容易患多动症，而是说较早入学会让他们更有可能被诊断为多动症。每 100 个孩子中多出 3 个被诊断为多动症的孩子，这是提前入学造成的结果；如果这些孩子大一点儿再入学，可能就不会被诊断为多动症。

为什么会这样呢？机制总是难以确定，但有一种可能是，年龄小的孩子不太能坐得住（这是事实），而老师（或家长及学校的其他工作人员）自然会将年龄小的孩子与班上的其他学生进行比较。如果孩子在班上年龄最小，无法像大一点的同年级学生一样安安静静地坐着，就可能会被解释为患有多动症。

这篇论文中的其他证据指出，这可能是多动症的诊断差异造成的。研究证明，当孩子所在班级的其他学生年龄较大时（随机），孩子更有可能被诊断为多动症。换句话说，即使孩子的入学年龄不变，如果他们和年龄较大的孩子在同一个班级，他们更有可能被认定为有学习障碍。这项研究和其他论文通过分析不同的数据印证了这一结论。学习差异的诊断在童年时期似乎一直存在。

当然，必须指出的是，我们不应该为学习障碍感到羞耻或耻辱。如果能尽早发现，就能更好、更快、更有效地治疗。有了治疗和药物的帮助，那些本可能在整个小学阶段甚至中学阶段都被学习障碍困扰的孩子，也能表现出众并取得成就。这很棒！

然而，这方面的研究结果让人担忧，因为它表明，入学年龄小的孩子被诊断为学习障碍的概率较高是环境造成的，而不是他们本身的问题。如果这些孩子晚一点入学，他们就不会被诊断为学习障碍，这种过度诊断的现象令人担忧。

以上数据表明，较早入学的孩子（至少在短期内）考试成绩较差，从长期来看更有可能被诊断出有学习障碍。根据我们对年龄和运动之间的关系的了解，我们似乎也可以认为，较早入学意味着孩子在学校的体育活动中也会表现得更差。

从另一个角度看，年龄较小的孩子在早期学到的东西更多。以6岁入学的孩子与5岁入学的孩子为例，后者到8岁时学到的东西更多。高中毕业和大学毕业时他们的年龄也更小，能更早进入劳动力市场。

作为家长，你可能会发现这些数据的信息量很大，但并不完整。你可能还有很多其他疑问：孩子在社会上的表现如何？年龄大一些可能是好事，也可能是坏事。如果孩子晚一年入学，他们会不会觉得学校很无聊？

这些研究依赖于我们能够从学校收集到的证据，这本身就限制了数据的参考价值。但这并不是说我们在做决定时不应该考虑这些研究结论，只是说我们缺乏完全可信、客观有效的数据。

事实上，影响入学年龄的还有很多其他需要考虑的因素——预算、统筹安排工作、孩子的情况。我们也许需要把它和本书第一章的内容结合起来考虑。给孩子选择什么样的学校可能会决定孩子的入学年龄。我们将在第八章讨论择校的问题。

数据要点总结

- 提早入学的好处：能减少幼年阶段的育儿费用；能更早从高中或大学毕业，更早进入劳动力市场。
- 推迟入学的好处：被诊断为多动症的概率更低，考试成绩更好。
- 在有更多孩子推迟入学的地区，推迟入学的好处更多；孩子在班里年龄最小似乎会有更多问题（平均而言）。

◆ 最终决定

这个标题说明了一切。在确定了你需要回答的问题并收集证据之后,你必须做出选择。如果问题出在统筹安排工作或者预算上,你可以通过制作图表的方式将其可视化。想一想这与你的家庭优先事项有什么交集。想一想上文详述的数据,把这些数据与孩子的情况结合起来考虑。

基本可以肯定的是,召开一次家庭会议是有必要的。这次会议的目标应该是做出决定。有时这不太现实,因为在讨论过程中你们会发现原先没考虑到的因素和需要进一步研究的因素。(但愿你的证据收集工作做得足够好,那么就不会出现这种情况。)

接下来就是开会、讨论、做决定。但就算你们仔细思考、收集证据、认真讨论,可能仍然找不到明确的答案。这项决策非常复杂,有很多不确定因素。在孩子入学之前,你永远不会知道他们对学校的反应如何,也无法确定学校的情况。这个过程并不能让你确信自己做出了正确的选择,但你能肯定的是,这是经过深思熟虑后的选择。

最后一点:做决定时,你无法确定它是否正确,我认为这是阻碍人们直面选择最重要的原因。即使认真思考,你也可能做出错误的决定。但不认真思考不可能帮助你做出正确的决定。

◆ **后续评估**

孩子终于上学了——可能提前也可能推迟，看你怎么决定了。等等！你的工作还没结束呢。过一段时间，比如在孩子上学的第一年，回顾一下你的决定是很有意义的。如果孩子出生在夏天，但你还是送他去上学了，那么孩子在班上的年龄会比较小，在这种情况下评估工作尤为重要。因为你实际上还有机会改变主意，可以让孩子留级。

与老师讨论孩子的表现，这是评估工作的重要部分。他们可能比你更清楚孩子上课时是否跟得上，是否有能力升到更高的年级。

你需要在孩子上学的第一年或第二年评估你的决定，而不能被动地等到出现问题再这么做，对此我们有充分的理由。从社交的角度看，孩子在小学四五年级时留级可能比在幼儿园留级要难得多。如果省去这个步骤，之后你可能会发现自己必须重新思考，而到了那时，你也没有更好的选择。

与数据育儿法的其他方面一样，我力主现在就打好基础，将来才能有更多收获。更多的前期了解能让你以更平和的心态做出更好的决定，并更有效地利用时间。这并不一定会减少育儿的投入，但能让你更明智地育儿。

决定孩子什么时候入学只是一个例子，也许你根本没有这方面的烦恼，但这种方法的出发点是随机应变。我们将用更多的例子来说明这一点。但首先我要退后一步。到底什么是数据育儿法？

第一
部分

如何做出家庭决策

我女儿佩内洛普上三年级时，学校决定把迪士尼电影《冰雪奇缘》以音乐剧的形式搬上舞台，全校二年级到五年级的学生都可以参加演出，如果孩子决定参加，那么每周有三天在放学后要留下来排练，持续两个月后，还有几天紧锣密鼓的彩排，最后是周末汇报演出。佩内洛普有好几个朋友都参加了演出。

对佩内洛普的成长来说，她是否决定参加并不是非常重要。但她的决定会影响到我们一家人未来几个月的生活。如果佩内洛普决定参加演出，我们就得调整接送孩子的时间，她也会写作业到更晚的时间。

遇到这种情况时，没有哪本书能告诉我们究竟该怎么做。即使最细致全面的育儿指南也不会有"低年级小学生是否应该参演音乐剧《冰雪奇缘》"这样的索引条目。对于这个决定以及育儿过程中的无数个决定而言，我们需要明确的不是应该做什么，而是如何做决定。

经营公司需要一直做决定，无论大小。如何做出好的决定，是商学院学生学习的首要内容。要做出好的决定，关键是要有良好的决策结构和方法。理想的商业决策应该经过慎重、系统化的思考。

如果你希望像经营公司一样管理你的家庭，你也需要建立一套家庭决策流程。当你面临选择时，比如，晚餐时大家需要遵守哪些规矩？孩子每天能使用电子产品的时间是多久？孩子们上哪个学校合适？要不要参演《冰雪奇缘》音乐剧？对于这些问题，你是否有相应的流程来帮助你审慎地做出选择？这时你就需要一个"家庭决策工具箱"。

接下来我会简要地概述一下家庭决策流程。首先我们要做一些真正重大的决定，为家庭这个"公司"的运作建立关键结构。这需要一些时间，不过一旦关键结构准备就绪，很多小问题也会迎刃而解。家庭的基本原则决定了你的选择，而这些原则没有商讨的余地。

接下来，你需要建立另一个结构，帮助你应对时不时出现但相对不那么重要的选择，例如孩子多大时上幼儿园，多大时参加夏令营，要不要参加音乐剧的演出之类。这时你需要使用4F步骤法：明确问题、收集信息、最终决定、后续评估。（我们按照这四个步骤解决了是否参演《冰雪奇缘》的难题。最后佩内洛普没有参加音乐剧演出。哈哈，这下你知道为什么百老汇舞台上扮演艾莎的小演员不是我女儿了吧。）

你也许会觉得，如果有办法协调各方的想法，比如说和另一半在门厅里商讨，把相关信息记在便利贴上，或者等到晚上熄灯后和另一半聊一聊孩子的安排（杰西最不喜欢的方法），那会容易得多。在本部分的最后一章，我会给大家介绍一些基本的任务管理工具——注意，我说的是非常基本的工具，它们能帮上不少忙。

第一章

确定家庭愿景

因《高效能人士的七个习惯》而被大家熟知的作家史蒂芬·柯维也写过一本关于家庭的书，他在书中指出，每个家庭都应该有自己的理念。理念是家庭的基本原则，它强调的是家庭愿景。家庭愿景与公司的使命在本质上并没有什么不同。有些家庭的愿景强调对宗教保持虔诚，而有些把家人摆在第一位。他们的理念也许会包括"优先陪伴家人，培养体贴的孩子"之类的话。不同的家庭理念对儿童独立性的看法也不尽相同（你是放养式父母呢，还是更偏向于直升机式父母？）。

你的家庭也应该有自己的理念！我建议每个家庭不仅要确立自己的理念，还应该陈述清楚，如果具体的决策与基本原则发生矛盾时应该怎么处理。我说的确定家庭愿景，不仅指明确总体的原则，也要说明在面对"周四晚上怎么安排"这样的问题时，原则如何指导你做出选择。

家庭理念跟公司的使命其实很相像。对于谷歌公司而言,"完美的搜索引擎,永不作恶"也许是一条不错的使命宣言,但并没说明公司的经营方法。同理,"优先陪伴家人,培养体贴的孩子"也许是很棒的家庭理念,但它过于宽泛,无法指导你决定孩子该何时就寝。

统筹安排的细节也很重要,因为如果你不能统筹全局,最后你也许会处于与你的想象大相径庭的境地。一个选择在当下看来也许无足轻重,但天长日久,这些选择会产生累积性影响。

例如给孩子过生日。假设你家里有三个正在上学的孩子,每个孩子的班级都有 20 个孩子。如果每个班的每一个孩子都要办生日派对,那你们一年得送孩子参加 57 场生日派对。在收到一张邀请函时,你会想:"行,挺好,不就是参加个生日派对嘛。"可到了年底,你会发现,几乎每个周末你都得带着孩子去蹦床公园、充气城堡、室内游乐场之类的地方或是游戏餐厅(我个人比较喜欢)。

有时你会觉得"够了",然后不再让孩子参加生日派对。可你没想到的是,接下来是二女儿最好的朋友过生日,她不可能不去。结果你这个周末又泡汤了。

用经济学的术语来说,一次又一次参加生日派对会让你做出一个又一个决定,从而产生"边际效应"。虽然参加一个生日派对的影响不大,但恕我直言,累积起来的效应你根本无法承受。

总体来看，生日派对是一个小问题。但这种滑坡谬误可能会出现在我们为育儿做的所有决定中。比如，最开始孩子要求晚点回家，因为他要参加一项课外活动，你允许了，接着你又允许他参加另一项活动，要不了多久，一家人必须在 6 点共进晚餐的规矩就会被打破。如果你认为一家人共进晚餐是头等大事，孩子晚回家就会是个问题。

我们应该注意的是，如果家里有不止一个决策者（比如说，父母两人），不明确优先事项就会引发冲突。如果我认为孩子必须在 8 点半之前上床睡觉，而且还为此制订了家庭时间表，确保我在家时每天如此，但现在我出差在外，晚上 10 点给孩子的爸爸打电话时，发现大孩子不仅没睡，还在看《英国烘焙大赛》。

"你怎么回事？"我在电话里吼道。

"那是你定的规矩，又不是我定的，"孩子的爸爸如此反驳，"想按你的规矩来啊？那你别出差好了。"

问题出在哪儿？也许这牵扯到多方面的原因，但至少关于孩子的就寝时间这件很重要的事，夫妻双方没有达成一致。如果家里有两个或更多的成年人，大家对于如何养育孩子必然会有不同的主张。例如，我要求孩子两天洗一次澡，但我的丈夫对孩子的要求不那么严格。如果由他照看孩子，孩子洗澡往往没那么勤。对我来说，这也不是什么问题，因为虽然我要求孩子两天洗一次澡，但实际上我觉得这并不那么重要。相比之下，我认为孩子按时上床睡觉更重要。但如果我不跟杰西沟通,他怎么会知道我对洗澡频率和就寝时间的重视程度根本不一样呢?

我们也需要认识到,没必要太执着于小事。如果你们已经进入决策流程,然后发现有一方对于每件事都非常固执,你们就不会有太多共同解决问题的空间。向对方阐明自己的优先事项,能帮助你们认识到,对你来说哪些事情是真的重要,同时你也会明白,也许对方并不像你那样重视那些事。

数据育儿法的第一步是大体明确你的育儿理念,然后仔细思考你的家庭的优先事项,你希望你们一天的生活如何度过以及家庭生活应如何统筹安排。要想清楚这些问题,在任何阶段你都可以思考——在有孩子之前,当孩子还是个婴儿时,孩子长到一两岁时,而孩子差不多上学时是重新审视家庭理念的好时机。一旦孩子上了学,你就必须制订时间表并在接下来13年的时间里(美国 K-12 义务教育的年限)坚持下去(如果不止一个孩子,那你们得坚持更久)。这个阶段的育儿工作多少会轻松一些,你会有更多心理空间来考虑你的选择。

如何制定合理的家庭愿景?

确定家庭愿景可不是一个下午就能完成的,随着孩子们的成长,你可能需要多次重新审视其中的各个部分。而在每一次审视之后,你也许都会做出一些改动。这也没关系,不妨把它看作是一个方向或新的起点。

决策流程有两个基本步骤。第一，双方要在最广泛的层面上说出各自的价值观和优先事项，并就此达成一致。第二，进入更具体的层面，比如制订每天的时间表和规矩，并把责任分配到个人。

在实际操作之前，请先阅读本书的第二部分，第二部分提供了很多大数据可供大家参考和思考。比如，在制订家庭日程表前，你应该进一步了解睡眠：睡眠重要吗？孩子需要睡多长时间？这非常有必要。再比如，谈到父母在孩子生活中的参与度，你也许想知道父母的参与度与孩子的独立性或学业成就之间存在怎样的关系，有哪些证据可以说明。这些数据并不能告诉你如何选择，但可以提供重要的参考。

● 步骤1：价值观和优先事项

商学院的谈判课上经常会提到"锚定效应"这个话题。锚定效应指谈判中最先开出的价格会"锚定"最终的价格。同理，在集体决策的过程中，如果一方先公开表达自己的观点，那么其他人也会受到影响。举例来说，我们公司正打算收购一家企业，如果第一个出价者的报价是2000万美元，那我多半会不好意思说这家企业只值200万美元。但知道对方持不同意见非常有意义！更好的办法是请大家在私下把自己的心理预估值写下来，然后同时出价。

在这里我们也会采取类似的方法。从所有参与育儿的人开始，无论他（她）在家庭中扮演哪个角色。即便你是独自养育孩子，这个练习对你来说同样有用，只是起作用的方面不同。现在请你准备一张纸，在纸上写下如下内容：

- 你认为最重要的家庭理念。想写什么就写什么！一句话回答下面这个问题即可：你认为家庭的主要目标是什么？
- 为孩子制订3个主要目标（是较大的人生目标，不要写"能熟练地使用叉子"那种具体的目标，即便你迫切希望孩子能做到）。
- 3件你会优先考虑的事，你看重的事（比如工作、锻炼身体、与朋友见面）。你希望自己可以有时间来做些什么事？
- 你认为在（大多数）工作日你必须做的3件事。（例如，我的3件事是：①至少和孩子们吃一顿饭；②完成当日工作；③在孩子们睡觉前赶回家。如果能在一天内做好这3件事，我就会非常高兴。）
- 你认为在（大多数）周末一家人必须做的3件事（例如，送孩子上课外班，参加竞技体育活动，徒步旅行，或看望祖父母）。

然后大家交换信息，展开讨论。

这样做会产生怎样的结果？嗯，这可说不准。也许你们的想法完全一致，在某些问题上能达成共识，并在此基础上制订家庭日程表，确立原则。当然，大家想法也可能不一样，也许我理想的周末是让孩子参加竞技体育活动和上数学辅导班，而我丈夫理想的周末是去阿巴拉契亚山徒步和露营。现在我们知道了对方的想法，这很好。

这会让我们了解那些我们看重、赞成，但还没去做的事。例如，我想成为一个全职妈妈。而我的另一半或许也认为这是一个非常棒的想法，他甚至开始考虑如果我不工作，怎样才能从经济上保障一家人的生活。如果之前没讨论过这个问题，我也许不知道他会支持我这个想法。反过来，如果之前我一直待在家，很想回去工作，却又不敢提出来，这样的沟通同样管用。因此，在讨论的过程中双方要开诚布公，哪怕你认为自己想要的东西不可能实现。

（即便你是独自养育孩子，我仍然认为这个方法对你很有帮助，因为每天忙于照顾孩子，你也许没时间经常停下来思考在某个阶段你真正想做什么。）

这次谈话不应该就此结束。也许在这之前你们就已经交流过想法，你们应该继续交流。要保持对话，直到你觉得双方的观点已达成一致，能将你们的理念付诸具体实践。

为家庭设定目标并不意味着你拥有对家庭的绝对控制权。不要妄想你能控制家庭生活——生活中总会出现意想不到的事，命运总爱给人出难题。无论你收集了多少信息，做了多少计划，都无法避免。但并非所有的事情都在意料之外，我们至少可以明确自己对家庭真正的期望，以减少日常生活中的诸多压力。

● **步骤 2：细节部分**

时间安排

本书中的方法偏重实用性，虽然我敦促你从价值观和家庭的基本原则入手，但接下来的步骤还是会涉及细节问题。我们先从时间表开始。首先请大家制作一张时间表，把自己在工作日和周末想做的事填到表格里。

让每个参与决策的成年人都填写表格。如果孩子足够大的话，也可以参与进来。让每个人列出一周的时间安排，成年人还需要给孩子们拟定时间表。注意，它不应该是你的"梦想时间表"（我家孩子梦想的时间表是这样的：吃早餐、看电视、吃午餐、玩电子产品、吃零食、看电影、吃晚餐、睡觉）。它应该是想法与现实的结合。不用太详细，但也不能草草了事，不能只写"吃饭、工作、吃饭、睡觉"这几样。试着去思考一些细节，例如，如果在步骤 1 中你们已经达成了一致，都赞同大多数日子一家人应该共进晚餐，那你们得弄清楚晚餐怎么做（以及由谁来做）。

下面我给大家做个示范——这是我给自己和每个孩子制作的工作日（周二）时间表。杰西的由他自己负责，但需要说明的是，因为我们结婚很久了，做的又是同样的工作，我们的时间安排基本上是相同的，只不过他比我晚起一个小时，跑步也没我跑得勤。

表1 时间表

	艾米丽	佩内洛普	芬恩
6点	工作后跑步（5点起床）	睡觉	睡觉
7点	吃早餐后去上班	吃早餐后去上学	吃早餐后去上学
8点	在校	在校	在校
9点	在校	在校	在校
10点	在校	在校	在校
11点	在校	在校	在校
12点	在校	在校	在校
13点	在校	在校	在校
14点	在校	在校	在校
15点	在校	乐团活动	一个人的安静时间
16点	在校	写作业	自由活动时间（有保姆）
17点	接佩内洛普放学 准备晚饭	休息与自由活动	自由活动时间（有保姆）
18点	晚餐后哄孩子睡觉	晚餐后上床睡觉	晚餐后上床睡觉（19:30睡着）
19点	晚餐后哄孩子睡觉	晚餐后上床睡觉（20:30睡着）	睡觉
20点	工作	睡觉	睡觉
21点	放松	睡觉	睡觉
22点	睡觉	睡觉	睡觉
23点	睡觉	睡觉	睡觉
0点	睡觉	睡觉	睡觉
次日1—6点	睡觉（5点起床）	睡觉	睡觉

填好时间表后,你可以比较一下。你们不可能在所有事情上都达成一致。也许10岁的孩子认为家庭作业应该安排在晚饭后,而你坚持孩子放学后就得写家庭作业。也许你的伴侣认为一星期点四次外卖是个不错的主意,而你只能接受一周点一次外卖。

但你们肯定会达成共识。在大多数情况下,协调时间比统一价值观更容易,而且在第一个步骤中,你们已经做了一些工作,就价值观达成了共识。

就时间表达成一致后,接着应该把它们变成白纸黑字。你至少得把时间表打印出来,保存在某个地方(别指望孩子能保存好时间表,就在我写这部分内容的时候,我女儿刚刚过来告诉我,她几周前把时间表"弄丢"了)。你也可以把时间表输入到电子日历里(本部分的最后一章有更多关于信息处理工具的内容)。

时间表不会一成不变。新的学年、新的学期意味着新的活动。你也许至少一年就得修订一次,说不定中间还有几次小修小改。不过后期修改要容易得多。虽然统筹工作的前期投资较大,但后期回报也相当可观。

基本原则

家庭愿景是由一整套原则组成的。这一套原则比"我们的理念是什么"更具体,却又足够宽泛,这样才能帮助你应对经常要做的决定。其中的一些原则可能跟时间表密切相关,比如，某个家庭的原则可能是"晚上 8 点就寝",当然,家庭原则也会涉及其他方面。

设立原则的目的实际上是将一套共同的价值观转化为一套共同的原则或规矩,并适用于所有人。比方说,12 岁的亚历山德拉今晚可以在朋友家过夜吗?今天是星期三。她想吃完晚饭后去朋友家,跟朋友一起完成社会实践课的作业,然后留在朋友家过夜。妈妈下班回到家后,亚历山德拉问妈妈可不可以。妈妈认识那个朋友,也知道那个朋友的父母会要求孩子在合理的时间就寝,可今天毕竟不是周末。

妈妈说她必须和爸爸商量一下。爸爸 6 点 10 分到家,晚餐时间是 6 点 20 分。爸爸一到家,妈妈就把这件事告诉了他,他俩开始讨论起来,亚历山德拉不耐烦地站在边上等着。且不管结果如何,最后每个人都感到沮丧和恼火。

也可能是下面这种情况:妈妈说可以。然后爸爸回来了,他简直不敢相信,母女俩居然没征求他的意见就擅自做了决定,他坚决反对孩子在非周末时间留宿别人家。无论亚历山德拉最后去没去成,这一天结束时,3 个人都很生气。

这两种结果都不太好。一方面,他们没有足够的时间深入讨论,另一方面,这也不是一个完全无足轻重的决定。在这种情况下,你需要一种能帮助你快速但不武断地做出决定的方法。

以我自己的家庭为例:新学年伊始的一天早上,4 岁的芬恩不想下楼吃早餐,他想玩涂色游戏。他根本不饿。我认为我们应该让他下楼吃饭,我想用好吃的松饼引诱他下楼,但杰西认为我们不用管他。到底应该怎么做,我们很犹豫。

后来芬恩终于肯下楼了,但留给他吃饭的时间只剩 8 分钟。他想吃贝果,可做一个贝果得花 4 分钟。我想跟芬恩说他不能吃贝果,得赶紧吃些其他的;杰西则想让芬恩自己解决,让他想明白,自己刚刚不应该在楼上磨蹭那么久。我们俩给芬恩提出的建议有些矛盾,最后芬恩很不高兴。那天的早餐是这样结束的:我们让芬恩别吃了,然后他塞了满满一嘴的贝果从餐桌跑开了。那天我们都迟到了。

之所以会出现上述问题,都是因为缺少明确的原则。但这不是家长的错!毕竟之前父母们从未遇到过这种情况。但我们确实需要原则。比如,要允许孩子在非周末时间留宿别人家吗?用餐时有哪些规矩?只要有了原则,上述两种情况就比较容易解决。

把家庭的原则写下来能解决其中一些问题。有些规矩能立即定下来——孩子什么时候就寝,能吃哪些零食,是否允许孩子独自外出,如果允许的话,你能接受的自由度是多大。

但随着时间的推移,这些规矩会不断地演变。比如,关于芬恩不肯下楼吃早餐的问题,我和杰西在当天晚些时候快速讨论了一下,并确立了一项新的家庭原则,即芬恩必须在 7 点 5 分之前下楼,否则我或者杰西会上楼喊他。虽然我们不能强迫儿子吃饭,但我们还是会要求他下楼,无论如何也得让他在餐桌前坐一会儿。我们还规定,早餐必须在 7 点 25 分之前结束。

我们把这条规矩写进了家庭用餐原则那一栏（在"无碳水零食"的下面）。

你可以把这些原则想象成一个分诊系统，这对你会很有帮助，因为养育孩子就好比在急诊室处理紧急情况。

病患来到急诊室的第一件事就是找到分诊护士并说明自己的情况。急诊室有成熟的分诊系统，他们已经事先商定好如何处理不同类型的紧急情况。患者呼吸困难？需要立即做全身检查。患者的脚被割伤了？请在候诊室耐心等候。一旦这个系统开始运作，所有的工作人员就不必担心了，因为分诊护士能够区分轻重缓急，使他们的工作更高效。

当然，分诊系统的关键是医院在前期花了一些时间明确急诊室的基本原则，这是分诊工作能够顺利进行的原因。明确这些原则需要一些时间，但它们确实能带来好处。

这一点同样适用于家庭。一开始你需要花些时间确定基本原则，但有了可供参照的原则之后，任何一个家庭成员都能处理很多家庭的日常决策。

责任

家庭愿景的最后一部分是责任。也就是慎重考虑每个家庭成员应对什么负责。

我指的是重要且需要不断重复的家庭任务，不是"谁负责把今早落在外面的帽子拿进来"这样的事，而是"谁负责安排每天吃什么，负责买菜、做午饭、整理书包"等等。

你可以把你们家主要的家务项目写下来，思考一下每种家务要花费多少时间，然后把任务分配到个人。需要说明的是，我绝不是第一个想出这个方法的人，很多人都提到过这个方法，比如在伊夫·罗德斯基所著的《公平游戏》一书中，就有更详细的划分配偶责任的工作表。

顺便说一下，你也要给孩子分配相应的责任。第七章有更多关于育儿方法的内容，你可以先读一读，提前做好准备。

具体怎么做取决于孩子的年龄。9岁的孩子能够胜任给自己打包午餐的工作，但5岁的孩子可能还做不到。不过5岁的孩子可以负责把午餐放进自己的背包里。孩子在成长，责任会改变，而且父母的户外活动也会有所变化，所以我们应该过一段时间就重新检查一下责任分配是否需要调整，频率与修订家庭时间表差不多。

确定基本原则和分配责任是一种分工方式。最理想的分工是每个人都能独立完成自己的工作。也就是说，某个家庭成员在完成自己的任务的时候，其他人不能妨碍他。如果你是家里承担责任最多的人，把你的责任分配一些给其他的家庭成员似乎更好。不过这说起来容易做起来难。

请回想一下我在引言部分举的例子，你的另一半和孩子正为夏令营做准备，你要在他们准备的过程中指导他们。现在我们把这个例子延伸到让孩子打包午餐这件事上。首先，你得告诉孩子，打包午餐是他们自己的事（分配责任），至于要打包哪些食物，你能给出基本的指导原则（蔬菜、水果、主餐、小点心）。

　　看着10岁的孩子每天吃一模一样的东西，你肯定会很抓狂。也许你觉得西红柿放点盐会更好吃；也许你不会把软坚果棒放在塑料袋里，因为它会融化。你怎么想都没关系，但请你务必闭紧嘴巴——这一点我怎么强调都不为过。

第 二 章

如何平衡你的时间、金钱和精力

确定家庭愿景和原则是一项艰巨的工作，但一旦完成，你就能游刃有余地处理家庭事务。饮食有了基本标准，睡眠时间也得到了合理安排，从原则上来说，每个家庭成员在很多事上都能自主决策。

一切都很顺利，直到一个重大选择突然摆在你面前。给孩子选择哪所学校。孩子什么时候上学合适。兴趣班应该投入多少金钱、时间和精力。孩子要不要参加户外露营。还有叫家长们战战兢兢的手机问题。

从好的方面想，我们并不需要经常面对如此重大的决策，一年可能只有一两次。这些决定会影响到你的生活，而这些影响可以让你认识到它们的重要性。你的决定是否会影响你接下来几个月甚至几年的生活（比如孩子需不需要去离家 45 分钟车程的学校打排球比赛）？你的决定是否让你每天都得面对一些问题（比如给孩子买手机）？如果决定会产生这样的影响，我们就需要用 4F 步骤法做出选择。做这样的决定往往需要下更多的功夫。三言两语可下不了结论。你需要更多的时间和更多的思考。

　　为什么做这些选择那么难？一方面，做这些决定时你要考虑多方面的因素。以孩子要不要去外地踢足球比赛为例，从某个角度来看，这个选择似乎很简单，但如果你想做出正确的选择，那么你不仅要考虑家庭生活的统筹安排，这个决定对家里其他孩子的影响（他们的时间表、与父母相处的时间），对孩子的睡眠和饮食的影响，这个决定有哪些好处（孩子未来有可能去美国职业足球大联盟踢球，也许能申请到大学奖学金，能强身健体，培养团队精神），这个决定要付出哪些代价（孩子还有机会参加其他运动吗？运动中的冲撞会不会导致脑震荡？）。除此之外，你多半还会想到我想不到的一些特殊因素，毕竟每个家庭的情况不同。

　　另一方面，我们无法预见自己什么时候需要做决定。是的，你知道，有些决定你不得不做——择校、孩子多大时入学，还有一些关于兴趣班的决定。但是，还有很多选择是在不经意间突然出现的。比方说，我早就想到佩内洛普到了一定年龄可能会想参加露营活动，可她在三年级那年冬天严肃地向我提出她想在来年夏天参加夏令营时，我仍然感到措手不及。

　　即使在你之前有很多家长已经做过类似的决定（比如夏令营），但这个选择对你们的家庭来说仍然是独特的，因为每家的孩子都不一样。有时你至少可以参考其他父母的选择，但这类数据一般没法直接告诉你答案。它只会加重或减轻你的顾虑，却不能告诉你该怎么做。

在做重大决定时，我们更需要的是用正确的方法做决定，不能只依赖别人的选择或数据。不良决策的一个标志是你在各种选择之间摇摆不定，而这些选择都基于最近的一次对话。因此，如果一个决定对一家（运营良好的）公司很重要，公司的领导者就需要在一个框架下做决定。你的家庭就像一家公司，也需要一个框架，所以才会下面的有 4F 步骤法。

用好 4F 步骤法

● 明确问题

第一步，明确问题。你真正需要做出的决定是什么？你需要回答的问题是什么？我在本书开头举了一个例子：孩子三岁了，但他（她）的心智发育比实际年龄要晚，我要不要等一年再让他（她）上幼儿园？有些问题相对来说更容易表述清楚。每个家庭会提出怎样的问题，每个家庭有哪些选择，情况各不相同。

明确问题后，你可以筹划一个初步会议，让家里所有参与育儿的成年人，加上（也许，在某些情况下）与议题有关的孩子，共同讨论你们的决定。会议的目标是涵盖所有可能的问题——统筹安排、投入、收益、风险，让大家担心或者高兴的各种事项。

一次会议往往不足以帮助你做出决定，因为你需要更多的相关信息。但在会议结束时，你们应该已经制订好信息收集计划，知道可以通过哪些方式获得这些信息，把责任分配到位，并且商议好下一次会议的日期。

● **收集信息**

收集你需要的证据。证据应该包括哪些内容？有些决定离不开复杂的统筹安排工作，有个办法对我的家庭来说特别管用，就是先根据你要做的决定草拟一个日程表。通过这个日程表，你能具体看出这个决定会对你们一家人的时间安排产生怎样的影响吗？

我们也要收集相关数据，包括已发表的文献中的证据（例如，你的孩子想参加的那项运动是否有极大的风险会导致脑震荡？）。你需要参考大量数据。在本书的最后一部分，我会给大家提供大量的一般性数据。并不是所有的数据都有帮助，但我会尽量给出与重大问题相关的数据。

你还需要结合家庭的情况搜集更具体的信息。例如，如果你无法决定孩子是否要推迟上幼儿园，那你可以了解一下，在你有意向的那所幼儿园或者你们所在的学区里，推迟入园的孩子多不多，这是你可以直接了解到的信息，会对你有帮助。

你还需要跟其他家长聊聊。对我来说，这是最棘手的事——我真的非常讨厌打电话，可遇到像兴趣班、夏令营或择校这样的难题时，与那些已经有孩子参加过此类活动或孩子已经上了某所学校的家长聊一聊，你会受益良多。你可以很好地了解这些家庭的价值观与你们的是否相同，兴趣班或者某所学校是否适合孩子。你的朋友有稍微大一点的孩子，对你来说也是一个好处。

与其他家长交流的过程最好是双向的。你会得到一些信息，必要时分享一些给别人，并思考你可能还需要哪些信息。在下一次家庭会议之前，你应该全面收集必要的信息。

● **最终决定**

你必须做出决定。很可能你们得再开一次会，也许再开一次都不够（但愿不会）。这比你想象的要难，因为没有哪个选择是显而易见的（要是那样，我们也不需要这样复杂的流程了）。现在你已经收集到了必要的信息，下面的问题就是你想怎么做，是打算在家庭会议上做出决定，还是之后再做决定。

你无法确定你的决定是否正确，但这些步骤本来也不是为了保证你能做出正确的决定而设计的，那是不可能的！我们只能保证你会在深思熟虑的基础上做出决定。决定是否正确要等时间来证明——这也是第 4 步的作用。

● **后续评估**

这也许是最不起眼却可能最重要的一个步骤。你需要制订具体的计划来复盘你的决定。比方说，你决定让孩子去外地踢足球比赛，等到赛季结束时，你可以专门安排时间来讨论这项活动的进展。不要因为今年做了某个决定，明年就重复做同样的决定。要全方位地考虑：这一事项进展如何？值得这么做吗？如果再来一次，你会做些改变吗？

任何决策都有滞后性——你只想按照既定的选择前进，但随着时间的推移，新的信息可能会出现。要发挥新信息的作用。不要等忙活了好几年才幡然醒悟，开几千个钟头的车送孩子去遥远的城市参加足球比赛不过是白白浪费时间，因为没有一个人享受这个过程，包括孩子自己。

可能遇到的问题

把这4个步骤付诸实践不可能一蹴而就，实际操作也可能与我描述的有出入。比如说，有些父母想在收集信息的同时召开家庭会议；有些家长可能更倾向于让孩子参与，而有的家长则不太乐意；有的父母更喜欢在电话里与孩子的祖父母或者其他值得信赖的人一起商量事情。

这都没有关系，但你需要树立这样的核心理念：深思熟虑之后再做决定。这需要一个过程。你应该给这些决定应有的空间，要反复思考。不过从另一方面来说，你也没必要把所有的精力都花在思考这些决定上。那些重大的决定很容易侵占你的大脑：洗澡时你在思考，上班的路上你在思考，与另一半聊天时你也会谈及它们。

显然，脑子里总想着一件事对我们没有任何帮助。对于重大决定，你应该采用结构性方法，它能让你投入足够的时间去思考不同的选择，同时不会让它们占据你的大脑。

使用结构性方法时你会需要一些工具。具体来说，你会用到任务管理系统和共享文件。虽然表格软件不能替代良好的决策，但它可以帮助你贯彻执行决策。接下来我会介绍这些工具。

第三章

同样的时间投入,获得更高的收益

我承认,我非常依赖电子表格。我一直在使用它。在写这部分内容的时候,有人邀请我去管理某大学的委员会,我同意了,那天晚上我在床上躺了两个钟头仍无法入睡,脑袋里不停地思忖着要制作哪些表格。

我不仅仅擅长做表格,还对自己组织业务流程的能力颇有信心。(作为本书的读者,你肯定也希望我是这样一个人吧。)在工作中,我会使用两个不同的任务管理软件。我有一大堆与别人共享的电子表格和文档,通常我会一丝不苟地按照表格和文档中的安排去执行。

我学到一个来之不易的教训,即业务流程并不能代替良好的决策。如果你对基本原则有异议,那么再多的电子表格都没法拯救你。但毫无疑问的是,至少在某些工作情境中,引入更好的跟踪和组织工具会有所帮助。

这一点也适用于一个家庭。你应该使用一些基本的工作软件让你的家庭更好地运转。如果你能把我在第二章阐述的决策方法派上用场,它一定会帮助你做出理性的选择,而且,这个过程本身对你的家庭也有好处。比如说夏令营,很多家长给孩子安排暑期活动时,遇到的第一个问题是必须提醒自己牢记报名时间。夏令营报名通常是在 2 月份,而那时候你更担心的也许是第二天下雪带来的不便,而不是暑假时安排孩子做些什么,可你又绝对不能忘了报名这件事。

大多数父母都会遇到这样的状况:平时根本不记得夏令营的报名日期,它好像躲在我们脑袋的犄角旮旯里。可到了 2 月 17 日凌晨 2 点,它又突然跳了出来,把我们从睡梦中叫醒,让我们惊慌失措地冲下床:万一错过报名可怎么办?

就算没错过,也差不多了。在接下来的 4 天里,你得疯狂地与孩子的爸爸或祖父母、外祖父母等人协调夏令营的事(你家孩子明确地说了要跟哪几个朋友参加同一期艺术营!),而也许这 4 天正好赶上你特别忙的时候。有一堆重要的电话会议正等着焦头烂额的你,同时你还得操心孩子参加攀爬训练营的事。

但如果你能在 1 月份提醒自己,你就会从容许多,有更多时间做选择。在这种情况下,日历上的时间为你赢得了内心的平静,你也能以一种不那么焦头烂额的方式将计划纳入你的日程表。

为什么不能用大脑来储存和管理这些信息呢?因为它很忙。不过,你的电脑倒是非常乐意帮你记时间。想象一下,你不是在 2 月 17 日那天被乱作一团的大脑叫醒，而是在 1 月 15 日那天收到弹出的夏令营报名提醒。

这条提醒最好是以任务的形式出现在你的任务管理软件中。它的标签可能是"给孩子们报名夏令营"，而且与去年的同一任务相关联。点击这条提醒就能看到你去年做了什么，并且能立刻了解当时的情况。在任务描述中，还有一份关于你大女儿的学校旅行计划的说明，它还会提醒你，你的小女儿想和朋友一起参加为期两周的网球训练营。

预留充裕的时间很有帮助，而任务管理软件就是这样帮助你的。与其火急火燎地发送一连串前后矛盾的邮件和短信，倒不如从容不迫地用软件与你的伴侣沟通。在夏令营报名日到来之前，你已经做好了一份协调有序的时间表，而且它执行起来很简单。给孩子们报完夏令营之后，请孩子们的爸爸把夏令营计划添加到孩子们的日历里。到了 3 月初，一切安排就绪。也许大女儿会在 4 月份跟你念叨，她已经 11 岁了，这么大的孩子不能再参加夏令营了，她宁可暑假一个人待在家之类。可真得谢谢她 4 月份才想起来这件事，赶紧把用旧了的"防儿女唠叨专用耳塞"戴上吧，咱们权当没听见。

从某种意义上说，费这么多心思来统筹安排似乎是过犹不及。与用两天时间急急忙忙地给孩子报上夏令营相比，这样做真能节省时间吗？你的直觉可能是对的，这样做也许不会节省时间，但它确实能让你有效利用时间，做出更好的决定。给自己留足时间，你就可以在适当的时候做一些实际的工作。也许你会发现统筹安排在工作中的好处，但你并不一定能认识到它在家庭生活中的作用。

如果你和伴侣一起养育孩子，这么做还能减少你们两人之间的冲突。这样布置任务可以让对方分担一些工作——哪怕只是一点点，你们最后就不会陷入手忙脚乱的境地，相互之间也会少一些怨恨。

拥有这些工具也能帮助你更好地按照4F步骤法操作。一些原本在商业中应用较多的工具也能帮助我们跟踪决策、展开讨论，并密切关注你确立的家庭原则。

那么究竟有哪些工具呢？类似的工具有很多种，我在下文列出了一些，你可以试试看。

这样做，提升你的效率

就广义上而言，能让你与团队其他成员一起管理任务的软件（大多数可以在线使用，而且至少有某些版本是免费的）都叫任务管理软件。你可以在其中创建项目、分配任务，并跟踪和评论任务。你可以设定任务的截止日期和子任务，也可以根据需要重新分配任务。

任务管理软件结合了多种功能：高效跟踪、提醒功能，能让你清楚地了解还需要完成哪些任务，是谁在执行。对我的家庭来说，任务管理软件有一个很大的好处，就是它能把关于某项任务的相关意见都放在一个线程中。如果你用的不是任务管理软件而是电子邮件,那么每次发生什么事时,你都很想写封邮件通知相关的人(我经常这么做,这让杰西很生气)。结果是你会想不起来之前发生的事,而要了解以前的决定,你只能查看之前的邮件。

对于具体但需要较长时间才能完成的任务,任务管理软件最为有用。夏令营报名是一个很好的例子,制订放学后的时间表也是。我们还能用任务管理软件定期提醒一些事情,比如看看孩子们的衣服是不是小了,以及其他家庭事务(装修房子时它发挥的作用最大)。

有不少任务管理软件平台可供选择,企业使用的管理软件可能也适用于你的家庭,还有很多专门针对家庭的任务管理软件。我个人的感受是,你不妨先试试,挑一款软件用起来,像经营公司那样安排家庭事务,不过最好挑选专为家庭设计的任务管理软件。

● 共享日历

你也许会觉得我的电子日历第一眼看上去乱糟糟的。我自己的日程安排是蓝色,佩内洛普的是红色,芬恩的是紫色,杰西的是暗粉色,而临时保姆的是橙色。除此之外,我还在日历里标注了工作安排,比如研讨会、午餐会,用的是其他不同的色调。但很快你就能学会看电子日历,而且(对我来说)将所有这些信息存储在一个软件特别有用。

有一个孩子和其他看护者都能看到的共享日历,意味着所有人（我、杰西、临时保姆）能迅速了解孩子们什么时候在学校，什么时候不在。这也意味着临时保姆照看孩子的时间发生变动时（谁让学校一年要放那么多次假呢），她也能在日历上看到。我需要了解周末活动情况时，不用特意去记孩子的足球训练什么时候开始，因为日历里都标得清清楚楚。

配偶共享日历对我们来说也非常有用，尽管有些人会觉得这样会使统筹工作变得更复杂，特别是在其中一方的工作日历不可见的情况下。配偶共享日历的价值在于我们不需要跟对方口头核实就能协调好时间。

比方说，临时保姆发来电子邮件，询问她是否可以在她生日那天休息。我看了看日历，发现那天的日常活动我基本上都可以灵活安排，除了在快下班的时候要开一小时的会。我也能看到杰西的日历，那一个小时他刚好没事。于是我给了临时保姆肯定的答复，并向杰西发送了日历邀请，请他在那个时间段照顾孩子。这样我们就省去了一次谈话，或者说，留出了更多时间来聊些有趣的话题。

● 在线文档

学会与你的家人共享文件非常有用。例如，你可以把一家人出行前的行李清单存在文档里，或者是家长会的议程，以及看儿科医生或家庭治疗师的相关安排。佩内洛普上三年级时，我用文档软件给她创建了她人生中的第一个会议议程（讨论放学后的时间安排）。

在写这一章时,我查看了我的云盘,其中有个文件夹的名字是"奥斯特-夏皮罗家庭",我在里面发现了一份杰西与孩子的爷爷奶奶的共享文件,当时佩内洛普3岁,文件说明了照顾佩内洛普应该遵循的一些原则。我相信爷爷奶奶看到这份文件会很感激,毕竟大家都知道祖父母们有多喜欢我们告诉他们应该怎么带孩子!

在线文档简单又灵活,使用和分享也很容易,是家庭的首选。

● **其他软件**

很多家庭都会使用日历、文档和任务管理软件。但是,当你回头想想你需要什么时,你可能会发现,在面对一些特定的压力时你可以采取更有针对性的方法。对我们来说,菜单规划就是其中之一。出于各种各样的原因,我发现每周四花上20分钟的时间来计划下个星期晚餐吃什么对我来说很有帮助。一开始我试着用文档软件规划菜单,最后发现自带菜谱的菜单软件更有用。

为专门用途而设计的类似软件还有很多,比如有的软件专门计划旅行时的体育运动,甚至还有专门为监护权的安排而设计的软件。问题在于你需要什么。

用好方法，高效生活

这本书的重点是育儿。本书中的许多工具都特别适合孩子大一些的家长，因为这个阶段统筹安排工作会特别繁重。但不得不提的是，这些工具对其他家庭同样有帮助。

比如说，杰西和我买房子时，我们用 Asana 跟踪买房过程中的细节，然后又跟踪房子的装修工作。我们用文档记录我们想看的电影。即使是没孩子的时候，菜单规划软件对我们也有帮助。

这些工具也有助于家庭和家庭之间的协调工作。原来我会拿杰西开玩笑，因为他会给他爸妈发文件，教他们怎么做事情，可他们根本不看。不过后来我们成功地使用共享日历与爷爷奶奶协调来我们家做客的时间，还用文档与他们共享信息。总体而言，这是一个减负的过程。有些人会往自己的脑子里塞进各种家庭琐事，这么做不仅效率低下，还会让家庭成员之间产生嫌隙与怨恨。把这些交给电脑吧，它不会觉得累，还有充足的内存，而且就算你确实忘了什么，它也不会与你消极对抗。

第二部分

从他人的决定中
获取有效信息

数据育儿法的核心是设定家庭理念的大方向和管理一整套决策流程。做出重大的家庭决策时，有很多前期投入。要明确家庭的核心价值，要了解家庭的经济情况或其他情况带来的限制。你得知道自己想做什么，以及家庭成员的偏好。这些都很重要。

对你的家庭而言，上面提到的大部分因素可能都是你们家特有的。我们之所以需要家庭决策流程，部分是因为所有的家庭都不尽相同，你不能指望别人的决定一定对你有帮助。但从其他人的决定中，你至少能获得一些数据。

了解与这些问题相关的数据是非常关键的信息输入，它能帮助你更好地决策。比如说，在考虑孩子的作息安排时，你应该先了解跟儿童、青少年睡眠有关的数据；在考虑家庭的饮食模式时，你也许得先弄明白一家人共进晚餐是不是真有那么多好处，而吃一袋薯片是不是真有那么多坏处。在意见出现分歧时，这些证据可以为你们的讨论提供帮助，它们也会引导你重新考虑孰轻孰重。说得明白点，数据并不总能（事实上，几乎不能）为你做决定，但它能让你更轻松地做出决定。

在本书中，我把数据分成两大类。首先是综合数据，这些数据能帮助你确定家庭愿景。这些数据有的与睡眠、食物、育儿相关，也有少数与育儿理念相关。在这一部分，我会给大家提供这些数据，我建议你在确定家庭愿景之前先阅读这一部分内容。这一部分内容很有趣！虽然不是所有信息都有用，但它能帮你拓宽对话的视野。

还有一些是更具体的数据，这些数据与许多家庭都会面临的重大决定或重大选择有关，比如择校、家庭作业、运动和社会情感发展，本书的第三部分会详细分析这些数据。

第四章

如何更好地安排孩子的作息？

女儿佩内洛普上二年级那年夏天，她对人类的大脑表现出兴趣。作为典型的学术型家长，我认为我们应该买一本写给高中生的关于大脑的书来读一读。怎么说呢，跟佩内洛普一起了解人类大脑的过程算不上特别顺利，不过我们确实用管道清洁器做了一个很棒的神经元模型。

就这本书的内容而言，到目前为止，我觉得最有趣的话题就是睡眠。所有的动物都需要睡眠，或者是类似睡眠的休息时间。一些海洋生物（例如海豚）在睡眠时大脑的一侧是清醒的，这样即使在休息时它们也能继续游泳，跟上族群，并留心四周有没有捕食者。其实仔细想想看，你会觉得睡眠挺不合理的：从适应环境的角度来看，睡眠对所有的物种都很不利。在一个其他生物想把你一口吃掉的世界里（面对现实吧，对于大多数动物而言，它们不就是生活在这样的世界里吗？你现在能坐在这里读这本书，得感谢你的祖先没被其他动物干掉），居然还把那么多时间花在昏睡上，这很疯狂，不是吗？

虽然生物都要面对物竞天择的压力，但大家仍然需要睡眠，这表明睡眠一定非常、非常重要。确实如此！如果不让老鼠睡觉的话，那么两到三周之后，老鼠就会死亡，即使它们吃得很好，也得到了很好的照顾（在此我要特别感谢那本关于大脑的书）。

但问题是，我们并不知道为什么睡眠如此重要。它似乎对整合记忆很重要，最新的科学研究指出，大脑需要一段休息期来"清除"一些碎片。一些理论认为，在每晚睡觉时，你的大脑会把白天收集到的信息组织起来，以便日后更好地利用。但从很大程度上来说，这只是科学家的一种直觉，为什么组织信息离不开睡眠？对此我们还不完全清楚。

但可以肯定的是，没有睡眠，人体就不能很好地运转，或者说根本就无法运转。我们从睡眠实验室的研究中得知，睡眠不足的成年人在各项脑力任务中的表现均不理想，包括注意力测试、记忆力测试和认知测试。而且不仅睡眠时长很重要，睡眠质量也很重要。研究人员在记录睡眠时长的同时也会记录睡眠质量，各种各样的睡眠障碍（如睡眠呼吸暂停）或低质量的睡眠环境（睡在地板上，开着灯睡觉）会降低睡眠质量。

孩子和成人一样需要睡眠，而且一般来说，我们倾向于认为他们需要的睡眠时间更长。稍后我会详细介绍科学家对睡眠时长的一些认识，官方建议是4～13岁的儿童每晚需要9～11小时的睡眠。如果你的孩子6点就得起床上学，那他们应该在晚上 7 点到 9 点之间入睡。坦率地说，孩子除了吃晚饭、锻炼、做家庭作业，还要跟父母聊聊天，所以，想在 7 点到 9 点上床其实很难。

首先，保证孩子的睡眠将决定或者说至少会影响与孩子有关的很多选择，也会影响家庭时间表的安排，所以我们多少得了解一些相关的科学数据，这么做非常有必要。睡眠对孩子到底有多重要？他们需要多少睡眠，睡眠不足会怎么样？这些信息也许无法告诉你事情该如何安排，但它是影响日程安排的一项关键数据。

睡眠对孩子来说重要吗？

当然。

这方面的第一份证据来自那些揭示睡眠时长、白天嗜睡与孩子各方面的表现是否存在相关性的研究。其中一项研究非常值得注意，科学家们调查了罗得岛州四个学区的约 3 000 名高中生。研究人员调查了他们的睡眠习惯——就寝时间、起床时间、周一到周五的睡眠时长、周末的睡眠时长等等。

研究人员发现，睡眠时长与学业成就相关。成绩差的孩子睡得少、睡得晚，而且更容易出现研究人员所说的"周末贪睡"现象（也就是周末的睡眠时长比平时多得多，这是疲倦的信号）。他们还发现，睡得少的孩子说他们在白天更疲倦，抑郁症的发病率也更高。

这只是其中的一项研究（尽管它的规模比较大），这项研究的结果与其他许多论文的结果一致。2010年的一项元分析研究总结了17项研究的结果，涉及近2万名儿童，结果发现较少的睡眠时长、较差的睡眠质量和"嗜睡"都与学习成绩差存在相关性。

研究人员发现，白天嗜睡与学业成就之间的相关性最大。它甚至比睡眠时长的影响还要大。其他研究也发现了白天嗜睡的负面作用。韩国青少年样本的数据显示，睡眠时长本身不能预测学习成绩，却能预测孩子们在上课时是否感到困倦。另一篇以以色列儿童为研究对象的论文指出，孩子们的睡眠质量比躺在床上的时长更重要。

孩子究竟需要多少睡眠？这因人而异。重要的也许不是绝对的睡眠时长，而是睡眠时长对孩子来说是否足够。

这些证据（还有关于睡眠重要性的一般证据）很有启发性。但如果你是一个明智的文献阅读者，你可能会怀疑研究得出的结论到底是不是因果关系。缺乏睡眠或嗜睡真的会导致孩子的学习成绩更差，还是说它们只是存在关联性？也许还有其他因素（例如贫穷）让孩子的睡眠质量更差，而且学习成绩更差也可能是其他因素造成的。

为了弄清这个问题，我们可以搜集实验数据——也就是研究人员通过干预被试人员的睡眠时长而得到的证据——也可以搜集"准实验"数据。准实验数据中会有一些随机的变化，但不一定由干预造成。这样我们既有实验数据，即研究人员通过干预得到的数据，也有一些准实验数据，它们是在没有干预的情况下自然得到的结果。

许多关于成人或大学生睡眠的研究都依赖于极端的控制——先让被试整夜不睡，然后看他们在测试中的表现（他们实际上表现得更差了，但他们以为自己做得更好）。让儿童作为被试参与这样的研究不符合伦理道德，所以研究人员的操控方式就是小幅改变儿童的睡眠时间。下面我们以加拿大的一项研究为例。

在这项研究中，研究人员选取了 32 名 8～12 岁的儿童作为被试，对他们展开了为期 3 周的跟踪调查。在第二周，研究人员要求孩子们要么增加一个小时的睡眠（"长睡眠"），要么减少一个小时的睡眠（"短睡眠"），并且持续 4 天。在第三周，研究人员让孩子们互换睡眠模式：在第二周睡得少的孩子这一周睡得更久，反之亦然。然后他们让孩子们做一系列认知测试，并向他们的父母询问了他们的行为、是否困倦等情况。

值得一提的是，研究人员的控制幅度似乎很小，只是让孩子多睡或少睡一个钟头。我敢打赌，现实生活中大多数孩子的睡眠时长都会有一些变化；即使父母对上床时间规定得很严格，孩子们也总能找到一点回旋的余地。所以你也许会有这样的直觉：一个钟头的睡眠并不重要。然而，数据表明并非如此。研究人员发现，在"短睡眠"那一周，孩子们在工作记忆和数学计算熟练程度的测试中表现更差，他们的父母也报告说孩子更难集中注意力，情绪调节能力更差。

之前有一项研究与该研究的方式差不多——短期改变孩子的睡眠时长,结果发现这对以色列四至六年级的学生产生了类似的负面影响。还有一项研究让年龄小一些的孩子参加实验,这项研究是某项目的一部分,该项目旨在改善孩子的睡眠习惯。研究发现,睡眠教育——告诉家长睡眠很重要,并教会他们改善孩子睡眠的一些方法——不仅能增加孩子的睡眠时长,也能提高孩子的学习成绩。

这些都表明睡眠很重要。不过,这些研究通常规模较小,而且成本很高。因此,有意分析这个问题的研究人员开始尝试在处理数据的策略上创新。通过这个方法,他们发现了一个对研究非常有帮助的变量:上学时间。

这种方法之所以有效,是因为在现实生活中,如果上学时间更早,孩子们往往睡得更少。虽然按理说情况不一定如此:如果第二天上学早,孩子前一天晚上可以早点睡,这样就能保证足够的睡眠。但实际上孩子和他们的家人似乎不会因为上学早就提前上床睡觉。也就是说,如果孩子所在的学区上学时间较早,他们的睡眠时间就会比较少。研究人员利用了这种差异,以上学时间的早晚来衡量睡眠时间的变化。

至少从以往的经验来看,什么时候上学不是由学生的睡眠需求决定的,而是由其他因素(主要是校车时间)决定。研究儿童睡眠的科学家们认为,上学时间不同的原因某种程度上是随机的,所以他们对得出存在因果关系的结论更加有信心。

发表于 2017 年的一篇学术论文颇具代表性,该研究以某个较大学区的八年级学生为研究对象。这个学区中的有些孩子必须在早上 7 点 20 分到校，而有些 8 点 10 分才到校。作者收集了近 27 000 名儿童的数据，以了解这些儿童的睡眠时间和成绩。他们发现，与那些上学时间较晚的学校相比，上学时间较早的学校的孩子睡眠时间较少，而且成绩较差。

这一基本模式——即上学时间较早的孩子睡眠时间较少，在学校也更困倦——得到了其他研究的印证。其中一项特别棒的研究以一所寄宿高中的学生为研究对象，该学校把上课时间从早上 8 点推迟到了 8 点半。推迟上课时间后，学生们的睡眠时间增加了——实际上还不止增加半个小时，因为孩子们睡得更早了（作者还引用了一些孩子的话，一些孩子说当他们意识到睡眠有多重要时，他们想再多睡会儿）。从学生的自我报告来看，白天感到困倦、需要小睡、上课打瞌睡的情况大幅减少。学校的健康服务部门则报告说，白天需要去那里小睡片刻的孩子减少了（是的，如果你上的是寄宿学校，你可以去学校的健康服务部门小睡一会儿）。教师则报告说，上课迟到的学生变少了。

学校原本打算把推迟上课时间当作一个短期实验，事实上教师们对此非常抵触，因为这意味着课时被削减（由于体育课的安排，他们不能推迟放学时间）。但这个实验最终取得了巨大的成功，学校也将这一变化延续了下去。该研究引用了一位教师的话，他说他在学校工作了那么多年，这是他看到的最好的改变。

此外，睡眠不仅会影响孩子的成绩和在学校的表现。科学家们研究了弗吉尼亚州的学校在上学时间上的差异，结果表明，高中生上学时间较晚的地区发生车祸的概率更低。

关于初中生的研究也有一些，但大多数还是以高中生为研究对象。在我看来，这并不是说睡眠对年龄小一些的孩子不太重要，事实上可能更重要。不同之处在于，如果起床比较早的话，年龄小一些的孩子可能更容易适应提前上床睡觉，所以这对他们睡眠的影响较小。

很多证据都表明睡眠很重要。如果孩子没有足够的睡眠，他们在学校会疲倦、打瞌睡，也不太能集中注意力。而且，有时他们会变得暴躁。其实孩子在小一些的时候就会出现这种情况，对此你应该很了解，特别是在从白天定时定点小睡过渡到白天不睡的阶段。大一点的孩子可能会有不同的表现，他不会拿玩具卡车砸你，但会告诉你他有多讨厌你，不过基本的道理是一样的。

下面大家想问的问题一定是：孩子每天要睡多久才够？

孩子需要多少睡眠才算够？

2015年，美国国家睡眠基金会召集了一个由18位专家组成的小组，这些专家要回顾以往有关睡眠的科学研究并回答这样一些问题：人们需要多少睡眠？不同年龄的人群需要的睡眠时长存在怎样的差异？关于儿童的睡眠时间，这些专家得出的结论是，学龄前儿童（3～5岁）每晚需要10至13小时的睡眠，学龄儿童（6～12岁）需要9至11小时，而青少年则需要8至10小时。

大多数孩子都没法保证这么久的睡眠时间。虽然我们很难确切知道儿童每晚究竟睡了多久，但一些通过类似智能手环的设备所做出的睡眠监测研究表明，学龄儿童每晚大约睡8小时。而且孩子们似乎睡得越来越少了，从1905年至今，孩子们的睡眠时间整整减少了一个小时。

我认为这些证据非常有说服力，它们说明了睡眠的重要性，但相比之下，那些关于每天需要睡多久的证据并不那么有说服力。例如，学龄儿童的推荐睡眠时间为9至11小时，这个范围非常宽泛。而且美国国家睡眠基金会对该建议提出警告，称7至12小时的睡眠都算适量。这个范围也太宽了！

这似乎反映出睡眠需求因人而异。无论孩子还是成年人，有些人需要的睡眠比其他人更多，否则他们的身体会出问题。我大学时最好的朋友似乎每天只睡5个钟头就足够。后来朋友去了高盛，事实证明，睡眠少、精力充沛确实能帮上不少忙。而另一个室友每天起码要睡饱10个钟头才会想走出寝室。至于我们一家人，我需要的睡眠比丈夫少得多，孩子们的睡眠需求也各不相同。那么到底睡多久才"合适"呢？这就成了一个棘手的问题。

幸运的是，你也可以做实验。你的目标应该是弄清楚孩子需要多少睡眠才能保证身体正常运作，而这是一个能得到很多即时反馈的过程。换句话说，你有能力判断你的孩子是否需要更多的睡眠。

如何判断？

有几个方法。首先，孩子如果得到了充分的休息，他们在白天就不应该感到困倦，也不会在课堂上打瞌睡。他们晚上睡觉时能很快入睡，大概15到20分钟睡着，而不是几个钟头在床上翻来覆去。孩子头刚碰到枕头就睡着了，这听起来挺不错，但并不能说明孩子的睡眠质量好。如果给孩子睡懒觉的机会，比如，周末让孩子睡到自然醒，睡眠充足的孩子实际上并不会醒得很晚。如果孩子多睡了两个钟头才醒，那就意味他们平时没有睡够。

对于年龄较小的孩子，你可以控制他们的睡眠时间（我的意思是但愿可以，好吧，也许我们做不到）。如果你担心孩子睡眠不足，可以想办法让孩子提前一小时或半小时睡觉。另一方面，如果他们上床后要一个钟头才能入睡，那不妨让他们晚点上床。

对于大一点的大孩子，你的控制力度会弱一些，"准时熄灯"的想法可能很难在十二三岁的孩子身上落实。另一方面，这个年龄段的孩子已经能够理解睡眠背后的影响，并能更多地反思自己的经历。在上文提到的寄宿学校的研究中，作者指出，上课时间推迟了半小时后，学生们增加的睡眠时间却不止半小时，这是因为学生们意识到更多的睡眠对自己有益，所以自发地提前就寝，为了能多睡会儿。在这个年龄段，家庭讨论和反思可能比规则更有效（对十一二岁的孩子来说，其他事情也可以通过这些方法来解决）。

> **数据要点总结**
>
> - 睡眠很重要！
> - 孩子需要的睡眠也许比你预想的更多，即使上了中学，睡眠不足也会影响他们的学习成绩及其他方面的表现。
> - 孩子对睡眠的需求不同，但如果孩子白天很困或者周末老是睡懒觉，那么这些迹象表明他们睡眠不足。试着让孩子提早睡觉吧！

启发与思考

证据表明，孩子们真的很需要休息。在制作家庭日历时，要确保给孩子留出足够的休息时间。如果孩子睡眠不足，他们就很难集中注意力，在这种情况下，就算给孩子报数学辅导班也是白费功夫。

孩子的睡眠需求会决定日历的方方面面。一家人的起床时间可能由孩子的上学时间和大人的上班时间决定（也可能是孩子每天 5 点半就醒了，你只能跟着起床！）。但你可以决定就寝的时间，或者至少可以决定预先安排好的活动结束的时间。如果你认为你的孩子每天需要 10 个小时的睡眠，而他们早上 6 点半就得起床去上学，那他们应该在晚上 8 点或者 8 点半上床。反过来推算，上床时间决定了你们什么时候吃晚饭，晚上能安排一些什么类型的活动。

　　睡眠的重要性很容易被低估，说实话，大多数成年人（尤其是父母）都睡眠不足，而且可能并不觉得睡眠是优先事项。以我自己为例，当我因为事情没做完而感到有压力或焦虑时，我最想牺牲的就是睡眠。正如我经常对孩子们说的那样，我是个大人了，能为自己犯下的错误承担后果，但我不想他们也犯同样的错误。

第五章

全职妈妈 vs 职场妈妈：家庭收入和孩子的学习成绩能否兼得？

如果你是一位学龄儿童的家长，你也许之前就已经想好了是做全职妈妈还是出去工作。也许你的孩子还是个婴儿时，你就已经仔细考虑过这个选择了。但是，以前想过这个问题并不代表你已经彻底想清楚了。孩子上学后，你的决定会发生改变。婴儿或者学步期的儿童确实需要有人全心全意地照顾，比如爸爸、妈妈、爷爷、奶奶、保姆、日托机构的老师，也可能是几个人一起照顾孩子。但学龄儿童很大一部分时间都待在学校。这就意味着择校很重要（本书之后会详细介绍），也意味着孩子对你的需求会发生很大变化，因此，关于育儿的决定也会发生变化。

孩子入学前后是再次慎重考虑这一选择的关键时刻。即使你没兴趣重新考虑关于育儿的一些决定，但如果家里所有的成年人都要上班，你就得考虑统筹安排的问题。

举个例子，我们家的基本问题是这样的：两个孩子都要上学，早上 7 点 45 分到校，下午 3 点放学。如果杰西和我都从事目前的工作，那我们八九点就得到办公室，下午 5 点下班，有时甚至更晚。这是我们家时间表的基本情况，我们面临的几个关键问题是：

- 谁送孩子去学校？（我们家的情况是，孩子上学的时间比我们上班的时间早，所以我们可以先送孩子上学再上班。）
- 谁接孩子？什么时候接？更具体一点，下午 3 点到 5 点半之间应该怎么办？我们有几个选择：首先，他们可以留在学校，学校有课后托管服务；其次，我们夫妻双方可以选择一人做兼职工作，然后这个人负责接孩子；或者我们可以请一个保姆接孩子。
- 放学后孩子还要参加兴趣班怎么办？谁送他们去？
- 更麻烦的是，万一孩子生病了怎么办？学校放假的时候，比如寒假期间怎么办？还有可怕又漫长的暑假期间，孩子谁管？

这些问题会随着时间的推移而不断变化。儿子上小班时，我们得在中午 12 点 45 分接他，这让我们照看孩子的需求变得有点复杂。女儿上三年级时，她每周至少有两个下午要在学校参加各种课外活动，也就是说，我们无法在 5 点半之前把她接回家。

当然，我们家的统筹安排可能跟你们家不一样。你家孩子在学校的时间可能更长或更短，放学后的选择也可能不同。我小时候就住在外婆家附近，这大大降低了寒暑假和我生病时由谁来照顾我这个问题的难度。

也就是说，年幼的孩子需要的照顾与大一些的孩子不同，所以育儿和工作需要做的决定也有很大的不同。需要说明的是：这种变化也是多样的。我当然知道很多女性会选择在家照顾孩子，等孩子上学后再回到工作岗位。但我也知道有人反其道而行之，在孩子小的时候出去工作，等孩子大了再回归家庭或者减少工作时间，这样孩子放学后有人接，放假时也有人照看。

但这方面的数据无法为你做出决定。它呼应了我在本书中反复强调的一句话：每个家庭的情况都不相同，所以根本没有适用于所有家庭的解决方案。但是能把这些数据用到家庭讨论中，我觉得这就很好了。不过我觉得比较可信的数据也还是有的，主要涉及两大问题：一是父母是否工作会对孩子产生怎样的影响，二是关于工作的决定会对父母产生哪些直接影响。

父母的工作对孩子有什么影响？

从家庭的角度出发来考虑这个问题时，即使你的关注点是孩子，你也会有无数的顾虑。怎样选择对亲子关系最有利？孩子喜欢上什么兴趣班？父母的工作是否会影响到孩子？说真的,什么会让他们感到快乐?

很抱歉地告诉大家,此类问题中涉及的诸多因素,研究人员都无法评估。这方面的研究在很大程度上都离不开数据,得用数据去衡量结果。要弄清楚一个人是否快乐,或评估人与人之间关系的质量,这其实非常困难。这个难题将在书中反复出现,尤其是谈到学校的时候。我们能够了解的就是孩子的学习成绩,这会是关注的重点。此外,一些研究还探讨了父母的工作和儿童健康之间的关系,尤其是与儿童肥胖问题的关系。

● **考试成绩**

我毫不费力就找到了一些数据,这能帮助大家了解父母的工作和孩子考试成绩之间的关系,但想找到令人信服且能说明两者之间存在因果关系的数据,难度就大了。一篇颇具代表性的论文是这样的:首先收集孩子的相关数据,比如他们的母亲在他们童年时期是否工作,他们考试成绩如何,在学校表现如何。这些数据通常也包括孩子的家庭信息,例如种族和母亲的教育背景。请注意,几乎所有这方面的论文都侧重于了解母亲的就业情况。这些研究假定,只要是双亲家庭,父亲都有工作。

许多关于母亲就业情况的研究使用的数据都来自美国一项名为"全国青年纵向调查"的项目,该项目在 1979 年招募了数千名女性,并对她们和她们的孩子展开了长期跟踪调查。

基于这些数据,研究人员试图弄清楚孩子的考试成绩与妈妈是否就业之间的联系。他们通常会把一些基本因素(收入、种族）相同的家庭放在一起观察。他们也会把孩子分成几组，例如他们会分别观察收入较高的家庭的孩子，看看母亲是否工作对孩子是否会有影响。

对研究人员而言，如何解释数据分析的结果是一个挑战。父母双方是否工作，这个选择并不是随机的。本章就讨论了如何通过"最优"方式决定父母是否都要工作。讨论这个问题的书真是太多了！这只是其中一本！人们真的会反复思考如何做出选择。所以父母双方都工作的家庭和一方不工作的家庭在其他方面一定存在差异。

实际上，这些结果显示的倾向并不明显。父母都工作的家庭在某些方面可能比其他家庭好，而在其他方面可能更差。

通过这些数据，我们很难确定父母是否工作和儿童的表现之间存在因果关系还是只有相关性。当然，最理想的情况是进行随机实验，我们随机选择一些家庭，强迫这些家庭的父母工作，而另一些家庭的父母有一方留在家里。但伦理不允许我们这么做（更别提招募被试有多困难了！），所以我们应该对这些研究的结果持谨慎态度。

接下来回到研究本身，我认为大量的证据指向了两个结论。

首先，无论对孩子的影响是好还是坏，总之影响都不大。我们可以借助元分析方法得出这样的结论。元分析能整合大量数据，也能充分利用更多的样本。当然，元分析也不是什么灵丹妙药，它仍然不能回答父母上不上班与孩子的考试成绩之间仅存在相关关系还是因果关系这个问题，但它确实能让我们更全面地了解两者的相关性。

2008年，加利福尼亚的相关研究人员发表了一份元分析论文，该论文统合了68项研究的数据，报告了770种不同的影响。研究人员尽量统合了更多的数据，发现母亲是否工作和孩子的考试成绩呈微弱正相关。相关系数，也就是研究变量之间线性相关程度的量，一般用字母 r 表示。在教育学的研究中，我们通常认为 $r=0.1$ 时为弱相关，$r=0.3$ 时为中相关，而 $r>0.5$ 是强相关。这项研究发现 r 值在 0.001 到 0.05 之间，还不到弱相关对应值的一半。而且，在他们的很多分析中，r 值都趋近于零。

第二个发现是，这些影响在不同群体中似乎存在一些差异。如果样本包括更多富裕的家庭，那么母亲工作的影响似乎微乎其微，如果样本包括更多贫困的家庭，那么母亲工作的影响则略大。同理，如果样本包括更多有色人种家庭和单亲家庭，其影响似乎更大。还有，母亲参加工作对女孩的影响会更大。

从表面上看，这可能意味着父母的工作对某些群体有一些负面影响。但即使在极端情况下，这些影响也非常小。如果深入研究个别论文，例如一位名叫克里斯托弗·朗姆的经济学家在2008年发表的一篇论文中，试图区分不同群体的孩子受到的影响，我们会发现，家庭环境的差异越小时，妈妈上班对孩子的影响也会越小。这表明即使我们倾向于把微小的影响归因于母亲是否工作，实际上它仍可能反映的是家庭其他方面的差异。

● 肥胖

我们在上文看到，母亲是否工作对孩子考试成绩的影响是不确定的，那么父母的工作对孩子的体重会产生怎样的影响呢？这方面的研究结果则较为一致。如果父母双方都要工作，孩子过度肥胖的风险似乎更高。

不过，与对考试成绩的影响一样，它对孩子过度肥胖的影响也相当小。而且，与考试成绩的例子一样，数据显示，如果母亲受教育程度较高，那么孩子体重增加的幅度似乎更大（也可能是因为这种家庭的孩子一开始体重较轻）。

研究人员试图弄清楚为什么父母的工作会对孩子产生这样的影响，他们重点关注了孩子在不上学的时候做些什么。毕竟肥胖的原因并不神秘：如果吃得多，运动得少，体重就会增加。也就是说，研究人员想弄清楚母亲上班是否会让孩子摄入更多卡路里，或者减少了卡路里的消耗（又或者两者均有）。

从概念上说这并不难，但在实践中需要大量的数据。你不仅要了解妈妈的工作和孩子体重的相关信息，还需要了解孩子们如何利用他们的时间（具体来说就是他们是否会锻炼），以及每天吃些什么。幸运的是，研究人员至少有一些数据资源可以应对这一挑战。

以 2014 年发表在学术期刊《社会科学与医学》的一篇论文为例，作者在开篇就指出，如果妈妈要工作，孩子过度肥胖的概率会更高。但其影响并不大——与妈妈不工作的情况相比，如果妈妈每周工作 40 个小时，孩子过度肥胖的概率会增加约4个百分点（在这项研究中，平均约20%的儿童有肥胖问题）。

该论文接着细致研究了孩子的行为。如果母亲要工作，孩子会吃更少的蔬菜和水果，吃快餐较多，喝汽水较多，看电视也更久。事实上，他们似乎锻炼得更多，因为他们会参加有组织的体育运动，但看电视更久意味着总体上这些孩子的生活方式是久坐。

这些研究结果很有意思，但需要注意的是，它们仍然不能证明母亲是否工作与孩子过度肥胖之间存在因果关系。我们不知道如果妈妈不外出工作，这些孩子是否也会有同样的表现。研究者常把这两个变量之间的相关性归因于妈妈没时间开车送孩子去运动，或为孩子精心准备餐食。也就是说，这也许是家庭其他方面的差异造成的影响，而不一定是母亲工作带来的影响。这确实有可能，但如果真的要了解父母的时间安排，我们并不能确定职场父母在这些事情上花费的时间一定比全职父母少。所以可能的解释仍然是：过度肥胖是家庭在其他方面的差异造成的，而不是母亲是否工作造成的。

● **那么这意味着什么？**

考虑到数据的缺陷，我们应该清楚，这些证据并不能证明妈妈的工作与孩子过度肥胖之间存在确凿的因果关系，只能表明这两者存在相关性。

我们可以从结果中清楚地看到，孩子在不上学的时候做了些什么也许有一点影响。母亲是否工作在高收入家庭似乎更重要，一种解释是，高收入家庭的孩子和父母在一起时更有可能开展"丰富多彩"的活动。这并不是说父母双方都不应该出去工作，而是说我们应该认真思考孩子不上学时应该做些什么，怎样给孩子选择食物等。总之要慎重考虑。（好消息！本书的内容就是围绕这几个问题展开的。）

就算你倾向于认为母亲上班与孩子的成绩或体重之间存在因果关系，它的影响也非常非常小。母亲上班对孩子成绩的影响在大部分情况下都不显著，虽然从统计学上能看出影响，但确实非常小；对孩子体重的影响也许稍大一些，但与让孩子发胖的其他因素相比，它的影响可以忽略不计。

数据要点总结

- 我们在孩子身上能看到很多有意思的结果，但这些影响无法用科学方法测量；在这一章我们关注的是父母的工作对孩子的考试成绩和体重的影响。
- 家长是否工作对孩子的考试成绩会产生怎样的影响？研究并没有得出一致的结论，就算有影响，也非常小。
- 父母都工作与儿童过度肥胖之间有更强的相关性，但能证明存在因果关系的证据非常有限。如果这两者之间确实存在相关性，那也是因为孩子们在不上学时参与的活动有差别，而不是父母的工作本身造成的影响。

更多的钱能给你的家庭带来什么？

相关的研究数据好像都来自异性恋的世界，选取的研究对象也都是双亲家庭的孩子，而且只关注母亲是否工作。接下来我们要从这样的世界中抽离，看看家庭成员合作育儿时会遇到哪些问题。

人们去工作无非是出于两个原因，一是为了挣钱，二是喜欢工作。要做出正确的选择，你需要把这两个方面都考虑清楚，最好有数据支撑。

我们先来看看收入这个问题。如果家里所有成年人都工作，对家庭预算会产生多大影响？显然，这取决于他们做的是什么工作。有工作的父母一定很清楚自己的收入。但如果你已经离开职场一段时间了，你也许很难确切地了解自己重新回到职场后的薪资水平。但也不是完全不可能！你总可以粗略地估算一下。

题外话：很多人会觉得中断工作后重回职场是件很可怕的事。确实，如果你已经 5 年没工作了，那你不太可能回到当初的状态。但这并不是说，从此之后你就不用考虑重返职场了。也许用人单位不是你想的那样，他们能体谅妈妈们的处境。简历审计研究通过给用人单位发送假的简历，然后看谁能得到面试机会，这样获取的数据表明，在简历中解释清楚你为什么有段时间没工作比什么都不交代要好。照顾孩子就是个很好的理由！

虽然所有成年人都出去工作可以增加家庭收入，但同时也会多出一笔支出，就是请人照顾孩子的费用。孩子们放学后做什么，要花多少钱？父母中有一方做兼职工作也许能解决这个问题，但我们还有很多其他选择。

在讨论家庭预算时，我们也要有长远的眼光。对许多工作而言，你的收入会随着时间的推移、经验的增加而增加，而随着孩子年龄的增长，育儿成本可能会越来越低（至少在孩子上大学之前是这样）。因此，工作的经济收益可能是不断变化的。

最后，当你坐下来认认真真地考虑收入和支出时，值得考虑的不仅仅是具体的数额，还有这些钱的边际效用。更多的钱能给你带来更多的快乐吗？你可以用这个办法思考：问问自己，你要用这些钱来做什么？这也许能帮助你弄明白这些钱的真正价值（当然，钱也可能没什么价值）。

钱不是唯一重要的东西，但它很可能是最重要的东西，因为对许多家庭来说，所有的成年人都工作才能满足一家人的基本需求。但如果你足够幸运，不必为钱而忙碌奔波，那你就应该考虑自己喜欢做什么。你也许喜欢工作，也许喜欢在家陪伴孩子，或者这两件事你都喜欢。

你想从你的工作和生活中得到什么？我认为许多人对这个问题的思考是不够的。也许在孩子出生时，我们仔细思考过这个问题，但在那之后，我们就没再想过。但这个问题的答案会发生意想不到的改变。

随着孩子们年龄的增长，我想陪伴他们的愿望也越来越强烈。我还真没想到会这样。在孩子们来到这个世界之前，我其实设想过头几年会怎么样，要给孩子喂奶之类，头几年肯定特别辛苦，特别操心，等他们上学了，我应该就不会那么想跟他们在一起了。

但事实上，跟孩子小时候相比，我希望自己在孩子放学后能更多地待在家里。我觉得这样的时间非常宝贵，部分是因为我想陪伴他们，部分是因为，说实话，其他人监督孩子练小提琴时没有我那么严格。

每个妈妈在意的点都不一样，对吧？可别急着评判我。

我觉得非常、非常幸运，因为我的工作能让我陪伴孩子（尽管代价是我得在他们起床前和入睡后工作）。但是，想更多陪伴孩子的愿望促使我重新思考职场上的选择，比如尽量不承担更多工作上的责任，或者从职业发展的角度来看，暂时搁置下一步的行动。

我在芝加哥大学时的同事玛丽安·贝特朗在幸福研究领域做了一些有趣的工作，特别是关于女性的幸福。她发现拥有事业会提高女性对生活的满意度，而拥有家庭同样能提高满意度。但这两者并不会产生叠加效果，即同时拥有家庭和事业不能提高女性的满意度。在受教育程度较高的女性群体中，既要工作又要照顾家庭的女性往往比不需要工作的女性更不快乐，压力更大，也更疲惫。

我想女性不一定要在工作的同时照顾家庭，如果我们能多想想自己想要什么，也许会找到更好的解决方案。政府和企业都应该提升制度的灵活性，这对女性会有很大的帮助。

我再重申一遍：这个问题并不是非要留给妈妈解决。正如前文所言，如果家里有年幼的孩子，我们的问题不应该是"妈妈在家照顾孩子还是出去上班"，而是"成年人应该如何分配工作时间"。

启发与思考

你们决定怎么做呢？其中一方不上班还是大家都上班呢？这两个选择之间存在明显的差异。即便其中一方不上班，你们仍然会在统筹安排方面面临挑战，比如，如果一个孩子要去上钢琴课，而另一个孩子要参加足球训练，该怎么办？

如果家里所有的成年人都工作，统筹安排工作会更加复杂，你需要把方方面面都考虑进来。

大人正常工作时，孩子在放学后做什么？根据你的居住地、你的家庭情况和孩子学校的情况，你可能有以下几个选择：首先，学校可能会提供课后托管服务；其次，有其他机构可以在放学后照看孩子；再者，你可以找一个临时保姆，让保姆去学校接孩子或者在家里等孩子；当然，祖父母或你们的朋友也可以帮忙。

如果你想给孩子安排"丰富多彩"的兴趣班等活动，情况就更复杂一些。你需要有一个会开车的人接送孩子，或者请其他家长代劳。说来也奇怪，我遇到的一些最棘手的问题都是由其他家长帮忙解决的，比如孩子不肯用安全座椅。（孩子乘车时必须用安全座椅，一直得用到十一二岁。）。

孩子缺勤时谁来照顾？学校放假时孩子怎么办？孩子生病的时候呢？谁跟单位请假，谁来救急？计划外的缺勤——主要是病假——可能是最麻烦的。孩子发烧了，可大人都要上班，这时没什么好办法，也没法提前做好周全的计划。

按事情的轻重缓急大概排个顺序会对你有帮助。在我们家，我和杰西的教学工作通常排第一位。如果会议跟课程时间冲突，我们会取消会议。也就是说，有时为了照看家里生病的孩子，我们得来回"换班"（比如说，我的课中午结束，杰西的课下午一点开始），但至少我们不会为此争吵。

在佩内洛普还是个婴儿的时候，我的朋友南希给我提了条建议，她让我事先做好决定，如果保姆生病的话，谁来做后援。事实上，这是我得到的最好的建议之一。这个原则也适用于大一点的孩子。我们既要解决统筹安排的问题，又不能埋怨对方，这已经是很大的压力了。所以有时不如接受这样的现实：开会时就让头疼脑热的孩子坐在你办公室（休息室或者教室）里用 iPad 看会儿电视，往好处想，他们也许能学到些东西呢。

第六章

全家人一起用餐，让孩子表现更优秀

计划吃什么、准备餐食和吃饭是我们日常生活的重要组成部分。对许多人来说，有了孩子之后更是如此。如果只有一个人或两个人吃饭，那就随意得多。在读研究生的第一年我一个人生活，那时我每天晚上都吃一样的沙拉（混合绿色蔬菜、山羊奶酪、核桃、蔓越莓干搭配意大利香醋汁）。后来我与杰西住到了一起，但没孩子的时候我们仍然吃得比较随意：我们经常出去吃饭、点外卖，有时候吃什么完全是心血来潮。

有了孩子后就没法这样随意了，部分是因为孩子必须按时吃饭。虽然杰西饿的时候会变得暴躁，但跟芬恩相比，那就是小巫见大巫了，芬恩每天下午5点半到6点之间会非常"饥怒"。所以对我们来说，想要根据一天的安排来灵活决定晚餐时间……真是痴人说梦。

此外，孩子的饮食比大人的更复杂。他们有更多偏好，而且你可能会更担心他们的身体发育，担心他们吃得是否健康。

也许你也担心你的另一半什么蔬菜都不吃,但你知道,想改变一个 37 岁的人的生活习惯根本是徒劳。可孩子不一样!他们还小,有很强的可塑性。不过我家的孩子每天都要吃意大利面,大概是在抵制我们对他们的塑造。

做好饮食安排和喂养孩子的过程很容易让人不知所措,不过从家庭愿景来看,我认为实际上关键的决定只有两个:在饮食方面需遵循哪些总体规则?你会如何安排孩子的一日三餐?

你允许孩子吃糖吗?一天能吃多少?孩子吃零食有什么规矩?你会用什么方法鼓励孩子吃水果和蔬菜?

孩子不上学的时候你们会一起吃饭吗?以什么方式,家庭晚餐还是家庭早餐?早餐晚餐都一起吃?还是三餐都不会一起吃?

可以想象,这些问题的答案在很大程度上与你家的统筹安排和偏好有关。首先,我们来看看和饮食相关的数据。

什么是健康饮食?

众所周知,营养学的名声不太好。看看下面这些事实,你大概就能明白我为什么这么说了:每周都有新闻告诉你什么食物能吃,什么食物不能吃;这一周营养学家说咖啡对身体有好处,下一周又说咖啡能要人命;上个星期新闻说吃红肉会让每个人得癌症,到了下个星期红肉又变成好东西了。营养学界的说法变幻莫测,对人们的消费确实产生了很大的影响。

我记得小时候父亲一般都用鸡蛋给我们做早饭(其实就是

奶酪煎蛋卷,我到现在都记得很清楚,因为我给孩子吃的是贝果和迷你比萨)。然后有一天,大概在 20 世纪 80 年代初吧,营养学家们得出结论,认为应该淘汰鸡蛋——胆固醇和脂肪的含量都太高了,人们应该吃高碳水、低脂肪含量的食物。于是鸡蛋从我的早餐中消失了,取而代之的是谷物麦片。

当然,十几年后我们了解到,事实上低脂饮食对身体没有任何好处。营养学家们转而反对高碳水饮食,支持鸡蛋等食物。也就是说,我父亲的理念超前了 20 多年。

这方面的例子还有很多。还记得人造黄油吗?它曾是黄油的替代品,大家都认为它很健康,直到后来发现它含有大量的反式脂肪,没错,人造黄油确实能要人命。天哪。

为什么健康饮食那么难界定呢?原因有很多,但我认为一个核心原因是饮食的选择与许多其他事情密切相关。吃"健康食品"或当下流行的食品的人,往往也会在其他方面照顾自己的健康,比如锻炼身体、不吸烟;而且他们往往受过更好的教育、更富有。要把这些因素的影响区分开是非常困难的。

为了简单地说明这一点,我以一个在全美具有代表性的数据集为基础做了些研究,该数据集被广泛使用,收集了关于食物摄入和体重的信息,具体来说就是身体质量指数,即 BMI,它以体重和身高为参考,能粗略地衡量人体的胖瘦程度。我比较了饮食结构不同的人的 BMI,重点关注的是食物本身能否导致个体体重的差异。结果是不太可能。在下图中,你可以看到四种菊科莴苣属的蔬菜以及两类甜味剂与 BMI 之间的关系。

从下图中你会看到，更"高级"的食物与较低的体重相关。球生菜和罗马生菜似乎与体重增加相关，芝麻菜和蒲公英嫩叶能让你变瘦。你还会发现，化学合成的甜味剂与较高的BMI有关，而从植物中提取的甜味剂则与较低的BMI有关。

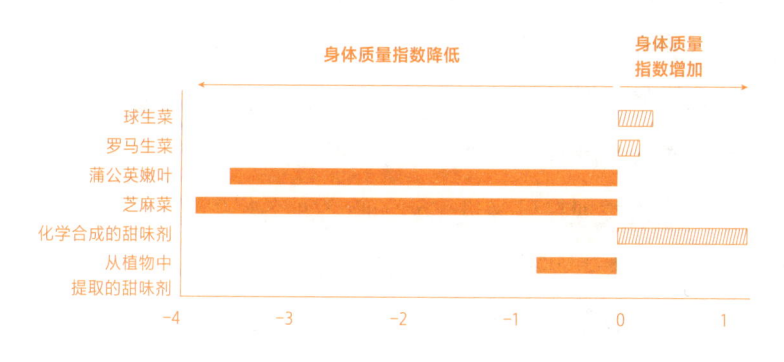

图 2　食物与身体质量指数的影响

但这并不能说明某种莴苣属的蔬菜真的比另一种好。所有莴苣属蔬菜的热量都不高！只是吃这些蔬菜的人有不同的特征。当然，更大的问题是，对个体的实际健康状况来说，像BMI这样的衡量标准是非常糟糕的指标，它并不能反映个体的实际健康状况。就算你相信某些食物和体重相关，你也不能说某些食物与我们关心的健康因素相关。

这种分析清楚地表明，通过比较个体与个体之间的饮食差异来了解什么是"好"的饮食非常困难，而目前几乎所有的证据都是这种类型，可供我们参考的大型随机研究的实验证据并不多。一项大型随机实验显示，地中海饮食（以鱼、蔬菜、橄榄油、红酒为主的饮食)对健康有好处,但这项实验的研究对象是老年人与多数不健康的成年人。而这项研究的结果是否适用于更健康、更年轻的成年人,尤其是否适用于他们的孩子?这很难讲。

我们顶多知道吃一些水果和蔬菜应该是个好主意。像碳酸饮料和糖果这样的食物虽然热量很高,却无法给人带来饱腹感,如果你已超重的话,它们显然算不上是健康食物。这并不是说健康饮食没有什么秘诀可言(不过我是真的怀疑到底有没有,毕竟人类现在已经进化到能吃各种各样的食物了),但目前的数据并未表明哪种饮食很值得推荐。

看到这里你可能会松口气,但也别太高兴得太早,有令人信服的证据表明,人的口味是稳定的,而且是在童年时期形成的。也就是说,你现在给孩子吃的东西可能会影响他们将来的口味偏好。先别有压力!

我们怎么知道的呢?你肯定会想,这还不简单么,看看孩子现在吃的食物,再观察他们成年后的饮食习惯,然后对比一下,看这两者之间是否相关就行了。确实有这方面的研究,例如2015年的一项研究调查并对比了大学生们现在喜欢吃的食物和他们小时候吃的食物。研究人员发现,大学生似乎喜欢吃小时候爱吃的食物,他们现在的饮食与他们记忆中儿童时期的饮食有非常多的重合。另一项研究印证了该结果,科学家们以年龄小一些的儿童为研究对象,结果发现,1岁时吃更多蔬菜的儿童到了6岁时仍然会吃更多蔬菜,饮食习惯不健康的六年级儿童在长大后更有可能保持不良的饮食习惯。

我最喜欢的一项研究是跟踪女孩吃零食的口味有什么变化，从 5 岁跟踪到 11 岁。研究人员发现，即使是吃零食的口味也有一定的稳定性——如果一个女孩在 5 岁时更偏好彩虹糖，在 11 岁时可能仍然如此——尽管随着年龄的增长，他们确实会觉得某些零食（比如椒盐卷饼、冰激凌）更受欢迎。研究还告诉我们一个很值得注意的事实：孩子们都不太喜欢无花果酥。

是的，普遍不喜欢。

这些结果有一定的启发性，但我们担心它们反映的并不是口味上的连贯性。观察到小时候吃更多蔬菜的大学生现在也会吃更多的蔬菜，可能是由于他们已经形成了对蔬菜的偏好，也可能反映出他们的环境（即获得蔬菜的机会）一直没变。以年龄较小的孩子为被试的研究结果更是如此：孩子在 1 岁和 6 岁时食用多少蔬菜存在相关性，这也许在很大程度上反映了父母烹饪的食物和给孩子提供的食物没多大变化。

但也有证据表明，在生命早期接触的味道会影响人们对这些味道的喜爱程度。比如有一项研究想弄清楚个体在婴儿期或子宫内接触到的味道对未来的喜好会产生怎样的影响。在《一个经济学家的育儿指南》一书中，我谈到了这样一项研究，科学家们让孕妇和哺乳期的母亲大量吃胡萝卜，或是完全不吃。最后发现，如果母亲吃了大量的胡萝卜，她们的孩子在将来会更喜欢吃胡萝卜。事实上我们还有很多类似的证据表明，胎儿在子宫内接触的味道和个体在婴儿期接触的味道似乎会影响孩子对不同味道的喜爱程度。

至于长期的影响,有证据表明,儿童时期接触的味道也会影响成年后的口味偏好,即使长大后接触的是不同的味道。实际上这方面的很多证据都是经济学家提供的。一些经济学文献研究了在青少年时期搬到本国的其他地方或者另一个国家的人。研究人员想知道,在长大后最容易获得的食物跟小时候不同的情况下,他们是否会继续偏爱小时候熟悉的味道。

有一篇重要的论文讨论了这个问题。科学家们研究了那些从以大米为主食的地区搬到以面食为主食的地区的印度人,还有从以面食为主食的地区搬到以大米为主食地区的印度人。结果显示,人们会忠于童年时的饮食习惯。在以面食为主要碳水来源的地区,大米的价格通常都比较贵,如果你在成年后搬到了那里,你就得花高价买大米。虽然研究对象都比较贫困,且大多数人每天摄入的热量都低于推荐量,但那些吃大米长大的人还是愿意花高价买大米。

我们在咖啡和蛋黄酱这两种食物上看到了同样的现象,尽管对长期健康来说,这也许没那么重要。在美国的不同地区,人们对这两种食品的喜好历来存在差异。如果你从小喝麦斯威尔咖啡,那你肯定不乐意换成福爵咖啡,就算在你生活的地方大多数人喝福爵咖啡。同理,吃惯了卡夫奇妙牌蛋黄酱的人肯定不会喜欢好乐门牌蛋黄酱。从某种意义上说,这倒也没什么稀奇的。许多人长大后仍然喜欢吃童年时的零食或爸爸妈妈烧的菜，因为那是家的味道。我丈夫反复强调他爸妈烧的某道菜有多么美味，可我吃着也没觉得有什么特别，你是不是也遇到过类似的事？

所以，虽然你给孩子吃的东西与健康的相关性没那么明显，但至少会对他们以后的饮食习惯产生影响。这就把我们引向了下一个问题：我们应该如何培养孩子的饮食习惯呢？

如何培养孩子的饮食习惯？

这个问题的前提是，你在饮食习惯上得有一个目标。

事实是，有些饮食习惯更容易养成。大多数孩子喜欢传统的"儿童食品"——奶酪意面、炸鸡块、热狗。当然，也并不是所有孩子都这样，例如我的兄弟斯蒂芬小时候一直拒绝吃冰激凌之类的食物，不过很多孩子都喜欢。如果这不是你的目标，例如，你希望孩子能吃味道非常复杂或辛辣的食物，那你将面临更多的挑战。不过，有些孩子会更容易接受复杂或辛辣的味道。

如果你的孩子正在上小学，下面这条信息对你来说就是个好消息：相对于幼儿来说，大一些的孩子可能不太容易出现"新食物恐惧症"。这种恐惧会在 4 岁左右达到顶峰，然后慢慢减少，所以你也许会发现你的孩子在 8 岁时比在 3 岁大的时候更愿意接受新食物。而坏消息是，随着年龄的增长，孩子上学后的饮食状况会变差，有研究表明，在三年级（八九岁）

到八年级（十三四岁）的这段时间，孩子的水果摄入量下降了40%，蔬菜摄入量下降了25%，这可能反映出父母减少了对孩子饮食的控制。

当你拥有控制权时，你会如何对孩子的饮食施加影响？值得庆幸的是，关于这个问题的研究确实为我们提供了一些指导。有各种证据表明我们可以用一些方法让孩子喜欢上特定的食物。我要指出的是，大部分此类文献关注的都是如何让儿童多吃水果和蔬菜。这可能是因为人们普遍认为蔬菜和水果更健康，特别是蔬菜，而许多孩子似乎都对蔬菜有抵触情绪。

那么，如果想让孩子养成更爱吃蔬菜，或者其他你想要的饮食习惯，我们从科学研究中可以得到哪些启示呢？

首要原则：多去尝试。反复给孩子提供某种蔬菜并让孩子品尝，似乎可以让孩子更喜欢这种蔬菜。一篇论文以年龄较小的孩子为研究对象，研究人员多次给一所幼儿园里的41个孩子提供甜椒或南瓜片，大多数孩子一开始都不喜欢。第一次接触到这种蔬菜时，孩子们给它的评价介于"难吃"和"还行"之间。但在接触了6次之后，孩子们给出的评价发生了改变，比"还行"更好，接近于"好吃"。更引人注目的是，在实验结束时，孩子们吃的蔬菜更多了，平均摄入量从7克上升到30克。论文作者认为，只让孩子尝试一次是不够的，他们需要多尝试几次。

关于接触蔬菜的文献很多，不同研究的结果有一些细微的差别。例如，对年龄较小的儿童来说，只要多接触，他们似乎就会多吃蔬菜，甚至是像抱子甘蓝这样有苦味的蔬菜。但对年龄较大的孩子来说，多接触只能让他们多吃没有苦味的蔬菜，至于有苦味的蔬菜，研究人员发现利用所谓的"联想条件反射"效果更好，其实就是用蔬菜搭配蘸料的方法。该研究以休斯敦一所中学的78名学生为研究对象，他们把这78个孩子分成两组，对他们的营养课做了一学期的跟踪调查。所有的孩子在课上都反复接触了某种蔬菜，但其中40名学生吃的是蔬菜搭配花生酱，另外38名学生只吃蔬菜。研究发现，学期结束时，吃蔬菜搭配花生酱的孩子对蔬菜的喜爱程度增加了，食用的蔬菜种类也变多了。

还有一些研究使用的是其他种类的蘸料。下面这项研究虽然让我觉得有些恶心，但不得不提：研究人员用甜奶油芝士搭配抱子甘蓝，这样的搭配我完全不能接受，但它确实能让3到5岁的孩子吃下更多蔬菜。

重点是，这些研究都强调要让孩子反复接触蔬菜——是否搭配蘸酱都可以，有时会通过奖励的方式鼓励孩子们尝试食物。关键是要反复尝试，孩子们需要时间适应并喜欢上新口味。如果第一次给孩子吃白萝卜他们不喜欢，你不能从此以后就不让孩子尝试了（如果孩子是否吃白萝卜对你来说很重要的话）。再让孩子试一次，可以加点花生酱、田园沙拉酱，或者我斗胆再给个建议——加点奶油芝士。

这些文献强调了提供食物的方式，例如顺序或相对含量，以及当孩子拒绝食物时父母的反应可能很重要。相关证据大多来自在教育机构中展开的研究,因为只有在机构中才能很好地控制食物的配比。例如,在学校午餐时间开展的研究表明,如果给孩子们的主餐分量少一些,他们就会吃更多的蔬菜。也许孩子们在吃了少量的奶酪意面之后仍然觉得饿,所以只能多吃点蔬菜吧。

那么孩子在家用餐时,家长应该怎么做呢?这项在学校展开的研究可能会让你对餐桌旁的孩子更专制,比如,"不把这些蔬菜吃完,你就不能吃第二份意大利面、甜点或者看电视"。但数据表明,从长远来看,我们不能这样做。这样的命令可以让孩子在短期内吃更多的蔬菜,但从长期来看,似乎会让孩子更加不喜爱某种食物。简单来说,告诉孩子"先吃胡萝卜才可以吃冰激凌",会让孩子觉得胡萝卜不好吃。

我们不能强迫孩子,但我们可以让孩子优先吃蔬菜。这句话是什么意思呢?意思就是说,孩子饿了的时候看到什么就会吃什么,有蔬菜就会先吃蔬菜,有意面就会先吃意面。实现这一目标的第一个方法是减少主餐的分量。另一种方法,说实话,也是我们在家里喜欢用的方法,就是让孩子先吃蔬菜。如果晚餐6点开始,我们有时会在5点或5点半先把蔬菜烧好。或者是蔬菜先上桌,几分钟后再上主食。

你猜我会不会有时跟孩子撒谎说主食还没准备好呢?嘘,这是个秘密。

孩子拒绝食物时家长的反应也很重要。如果孩子拒绝吃你做的晚餐,该怎么办?在思考这个问题时,你得记住,孩子们很狡猾，他们对鼓励性刺激真的很敏感。比方说，孩子说他不喜欢吃你烧的晚饭，然后你又给他做了炸鸡块，然后他就知道了，拒绝吃晚饭就有炸鸡吃。看吧，要不了多久，你每天晚上都得做两顿晚饭。

那该怎么办呢？一个方法是斩钉截铁地拒绝——除了晚饭什么都没有。对大多数健康的孩子来说，偶尔不吃晚饭不是什么大问题，所以这个方法对孩子的身体不会有多大影响。然而，有些父母（说的就是我自己）却发现这个办法很难贯彻到底。烹饪书作者马克·比特曼写过一本书，讲的是他怎么给自己的孩子做菜，我们从这本书里学到一个方法，那就是引入标准备用餐。我们的标准备用餐是鹰嘴豆和生蔬菜。这两样东西孩子们虽然愿意吃，但也说不上喜欢，不会总是想吃。而且，我们觉得经常吃这两样东西对孩子有好处。所以呢，在我们家，只要孩子愿意，他们可以不吃晚饭，只吃鹰嘴豆泥和生蔬菜。最后我想说的是，这种情况在我们家大约每三周才会出现一次，通常只在我烧鱼时才会这样。

此外，科学研究还提供了一些与父母禁止吃的食物有关的证据。当我们鼓励孩子吃蔬菜时，我们往往也阻止孩子吃其他食物，像是汽水、糖果、含糖食品等。阻止孩子吃这些食物最简单的方法就是明令禁止。事实上我认识一些父母，他们会为自己的孩子到四五岁时还没吃过蛋糕而感到自豪。我们曾经在加利福尼亚州住过一小段时间，那里的很多家庭都有类似的规定，以至于我儿子的幼儿园禁止孩子在午餐时吃饼干，而且家委会也恪守这条规定。

限制孩子吃这些食品产生的影响较为复杂。研究表明，一旦得到允许，孩子们会倾向于吃被限制的食物，尽管他们本来并不喜欢吃这些食物。换句话说，限制似乎会增加食物的诱惑力。对孩子们来说，在一点儿蛋糕都不吃和只吃糖果之间，存在一片快乐的缓冲地带。

这些证据给我们提出了很多值得思考的问题，也许不全与我们的家庭相关，但我敢打赌，至少有一部分是相关的。在本章的最后，我们会讨论如何整合出一个更合理的"家庭饮食方针"。但首先我们要谈谈饮食的时间安排。

吃什么不重要，怎么吃更重要

上文讨论的重点是孩子应该吃什么，但这并不是我们要做的唯一一个关于饮食的决定。是的，孩子们吃什么很重要，但什么时候吃、和谁一起吃重要吗？具体来说，一家人一起吃饭重要吗？

支持一家人一起用餐的人认为，它的意义非常重大。

如果你的家庭没有全家人一起吃饭的习惯，你也许会觉得这种做法非常极端。我曾与一位同事讨论过这个问题，她告诉我，她丈夫一家人非常喜欢在一起吃饭，她觉得很难适应。"晚上七点钟之前你必须在餐桌前坐好！不然他们会很不高兴。我觉得怪怪的。"

想让一家人共进晚餐，你得做很多繁重的工作。如果你想每天晚上让全家人在一起吃饭，比如说 6 点开饭，那么在这之前，你得先回家，并留出足够的时间准备晚饭，而且每天如此。一旦你决定这么做，准备晚饭将会占用你和孩子大量的时间。从某种程度上说，有些人非常支持这一做法，而有些人持怀疑态度。这并不奇怪，经历不同，视角也不同。

你会如何决定，很大部分受到你过去的习惯或者父母的影响。但对家庭来说这是一个重大决定，所以我们有必要看看研究都提供了哪些证据。一项研究调查了近 10 万名六到十二年级的孩子，目的是弄清家人共进晚餐的频率与孩子各方面表现之间的相关性。与每周和家人共进晚餐 0 到 1 次的孩子相比，每周与家人共进晚餐 5 到 7 次的孩子饮酒或吸烟的概率要低得多，而且，他们患抑郁症的概率也只有前者的一半，患饮食失调的概率同样较小，在学校表现更积极。从研究人员可以衡量的几乎所有指标来看，这些孩子都表现得更好。

其他研究和综述性论文也印证了这些结论。特别是对青少年来说，和家人一起用餐与更好的学业成就和更高的社会情感发展水平相关。

但这里的关键词是"相关"。这些研究表明，与家人一起用餐与积极的结果之间是相关的，但很难说明它们之间是因果关系。而且很明显，家庭生活的其他方面多少也会影响这种相关性。如果把其他变量考虑进来并观察其结果，我们就能发现这一点。

例如在前述调查中,研究人员同时研究了儿童的学习动机和反社会行为。数据显示,如果只是比较与家人一起用餐的孩子和从来不与家人一起用餐的孩子,结果表明,前者拥有较强学习动机的概率是后者的两倍,能避免反社会行为的概率也是后者的两倍。但是,一旦研究人员把不同家庭之间的其他差异也考虑进来,比如家庭成员之间的沟通方式与提供支持的方式,前者和后者的差异就会变小。

这样可能还不够,毕竟,研究人员无法观察到家庭中的所有情况,大家的疑虑是,如果研究人员能看到更多家庭成员互动的细节,他们也许会发现一起用餐的影响更小。

当然,你可能会问:"难道就不能做一项随机对照研究吗?随机分配家庭,让一些家庭一起用餐,另一些则不在一起,这不就行了?"答案是"能",而且科学家们确实也做了几个小规模的随机实验。最近有一项研究被称为"HOME Plus"研究("HOME"是"Healthy Home Offerings via the Mealtime Environment"的缩写,即"通过用餐环境营造健康的家庭氛围"),该研究在明尼苏达州招募了约150个家庭,基本上都是低收入家庭,并加入了一项干预措施:研究人员鼓励实验组家庭吃更健康的食物,以及更频繁地与家人一起用餐。

这项干预措施显示出一些较小的影响——实验组减少了含糖饮料的摄入,而且体重增加的趋势也放缓了,但并未显著影响与家人一起用餐的频率。改变家庭的用餐行为非常困难,是因为安排全家人一起吃饭需要投入大量的时间,而很多家庭根本腾不出这么多时间。最近我的一个朋友告诉我,她的家庭治疗师说,每周与两个孩子一起吃一顿饭很重要。她一丝不苟地遵循了治疗师的建议,但只有一次而已。那顿饭可真是一塌糊涂——孩子们不明白为什么他们得坐在餐桌旁吃她准备的食物,而她的丈夫则认为这个想法很荒谬。为了抽出时间准备这顿饭,她要协调多方面的事务,结果却没人领情。在养育孩子的过程中,尽早确立全家人一起用餐的规矩也许行得通,但如果家庭生活的常态是大家不在一起吃饭,再想改变就不太可能成功。

那么,这些证据给我们怎样的启示?全家人一起用餐与孩子们的积极表现之间有着如此之强、如此之明确的相关性,以至于我们很难将其完全归因于其他因素。

值得思考的是,全家人一起吃饭之所以会带来这些好处,可能部分是因为父母和孩子在吃饭的这段时间里不得不待在一起。我们目前并不清楚,如果这段时间不是用于共进晚餐,而是以其他的方式陪伴孩子,是不是也能带来积极的影响。比如一起吃早餐,放学后陪伴孩子一个钟头,或者在睡前与孩子相处。选择适合你家的方式即可。

安排好家庭饮食是一场持久战。你应该大致定下原则和方针,并仔细思考你希望自己和孩子的饮食结构是什么样,用餐时间怎么安排,这会非常有帮助,但这个目标无法一蹴而就。我希望孩子们每天晚上能坐下来跟我们一起吃晚饭,可4岁的那个总喜欢从座椅上站起来。对我来说,哪怕他这周比上周少站了那么一会儿，都是一种成就。同理，你的孩子可能只吃意大利面，而且这种情况会持续几周或几个月之久，为这个和孩子争吵实在是太费劲了。就像很多事情一样，你应该密切关注你的目标，并认识到到达目的地需要一个过程。

> **数据要点总结**
>
> - 健康饮食难以界定。千万不要因为一些研究说奇亚籽对身体好，就强迫孩子吃奇亚籽！
> - 有证据表明，孩子的口味偏好是在小时候形成的，所以如果你真的很想让孩子吃某种食物，就要趁孩子还小的时候多让他接触这种食物。
> - 反复接触某种食物可以让孩子逐渐喜欢上这种食物，如果能把孩子不喜欢的食物（比如蔬菜）与喜欢的食物（比如蘸酱）搭配起来，效果尤其明显。
> - 一家人一起吃饭与孩子的积极表现高度相关。但鉴于家庭之间也存在其他方面的差异，很难说这两者之间存在因果关系。

启发与思考

退一步看，这涉及两个重大决定。首先，你的家庭在饮食方面有什么规矩？其次，你们的膳食结构是什么样的？从某种意义上说，这两者是相关的。如果你们的规矩是一家人应该定期共进晚餐，这就会影响你对食物的选择，反之亦然。但我认为将这两者分开考虑也是合理的,至少一开始我们可以分开考虑。

关于第一个问题,你需要考虑的是,你希望你的孩子吃些什么,你想用什么样的方式来实现这一目标。你会用什么办法让孩子吃蔬菜呢?是要求孩子必须吃,还是鼓励他们吃?具体怎么做?糖果和甜点又怎么处理呢?从不给孩子吃,或偶尔吃一些,还是只有在特殊情况下才可以吃?

你可以把这些问题的答案记录在在线文档里。随着时间的推移,你的答案也许会改变,在线文档修改起来很方便,也很容易分享给别人。

关于家庭饮食和整体膳食结构的决定甚至更加复杂。与睡眠一样,它也会给其他方面的安排带来实际的限制。比方说,如果你决定父母至少有一方每天要在晚上 6 点和孩子一起吃晚饭,这就限制了孩子放学后的活动和大人的活动,更不用说大人还要抽出时间准备饭菜。

不过,解决的方法也有很多。有一位家长告诉我,对她来说最重要的事就是孩子每天晚上都能和大人共进晚餐。这个成年人并不总是她,事实上,她和她的爱人很少能一起陪孩子吃饭。但他们解决了这个问题,方法就是每天只要有一个成年人陪伴孩子就行,有时是一直照顾孩子的保姆,有时是爸爸或妈妈。

也许你觉得一个星期有两天与孩子一起共进晚餐就行,或者一次也可以。也许你们没法一起吃晚饭,但可以共进早餐。

关键是弄清楚你觉得什么最重要，你希望你的每顿饭是什么样，如果你有伴侣，你还要在这个问题上与他（她）达成一致。你们也要仔细考虑分工的问题。如果你们一致认同晚餐是优先事项，那么双方都应该出力。

在为共进晚餐做计划的同时，你也得认识到这是一个挑战。你是在为全家人筹备餐食，说不定孩子还很挑嘴，所以这是件很烦人的事。幸好菜谱类应用程序、食材配送甚至外卖服务等软件都能帮到我们。不过，有时让自己放松一下也很有必要。大可不必把每一顿饭都做得很精致，像社交媒体上的美图那样赏心悦目。经常吃意大利面或者贝果三明治也没问题。我家孩子至少每隔一周就会吃一次松饼当晚饭。

这就是关于确定优先事项的部分内容。即使全家人一起吃饭对你来说很重要，你也不必太在意食物的美观和创意。偶尔凑合一下也没关系。

第七章

虎爸虎妈 vs 放养育儿：父母在养育中的参与程度影响有多大？

你遵循的是哪一派的育儿方式？你是那种逼着孩子学小提琴（或者钢琴、排球、数学、编程等），而且逼得越来越紧的虎妈吗？还是会反复检查孩子有没有写完作业，有没有带运动鞋之类的直升机式爸爸？或者你是放养型家长，任由孩子在家附近独自玩耍？还是鸵鸟型家长，把头伸进泥土里，假装一切都很好？

好吧，我坦白，最后一种家长其实是我编出来的。但如果这不是一本育儿书，我相信我一定能骗过你们。

这些育儿标签多少都带些贬义。很少有人会认为自己是直升机父母，除了蔡美儿[1]，多数人也不大可能四处标榜自己是虎爸虎妈。但这些育儿标签被广泛使用，就像其他人为创造出来

---

1. 美国耶鲁大学法学院教授，曾出版介绍自己育儿经验的《虎妈战歌》一书。——译者注

的身份标签一样,所以我们会觉得自己要么属于这一类,要么属于那一类。

这本书的大部分内容讲的是如何根据你自身的情况做出自己的育儿决定。所以,我认为你应该与贴标签这样的念头作斗争。归根结底,育儿的重点在于你怎么做,而不是你如何给自己归类。你可以从各种各样的育儿理念中甄选出你认同的元素,并把它们"混搭"起来。在孩子还小的时候我们就是如此,比如你可能在坚持母乳喂养到两岁的同时也会给孩子做睡眠训练。前者借鉴了依恋式教养理念,而后者的理念完全不同。随着孩子年龄的增长,这种"混搭"风格会更加明显。

但你必须做出选择。谈到育儿方式时,我们要回答一系列重大问题。

- 你打算为孩子提供多少支持?
- 你打算在多大程度上参与孩子的日常生活?
- 孩子出入家门的自由度多大?什么时候可以自由出入?
- 在独立生活的技能方面,你对孩子有怎样的期望?你希望孩子什么时候能独立生活?

你会注意到,这些问题根本不涉及虎爸虎妈们需要面对的选择,比如要不要给孩子布置额外的数学作业?要不要让孩子参加小提琴比赛？媒体总爱把这些问题混为一谈。你要么是一个每时每刻都站在孩子身边，敦促他们完成一项又一项练习的虎爸虎妈，要么是允许孩子自由出入家门，偶尔检查一下作业的那种家长。而优先培养孩子的独立性，同时让孩子参加课后补习班的想法似乎不符合上述任意一种育儿风格。

这本书中介绍的经济学家式育儿方法的目标是关注个人的决定。根据每个家庭的情况做决定，才能摆脱两极式思维：你可以给孩子人身自由，同时也可以要求他们每天练习钢琴。放养式育儿的代言人勒诺·斯科纳兹[1]在她的书中指出，尽管放养式育儿更符合她的天性，但有一年暑假她还是让几个上小学的孩子每天做一大堆练习。

现在你已经认识到这些标签是可以拆解的，本章我还要讲讲独立性的问题。（我把与家庭作业、兴趣班和课外活动有关的内容放在本书的最后。）

说到孩子的独立性，我们实际上需要谈论两种主要的育儿方式，我将其称为直升机式育儿与放养式育儿。我们可以一个10岁孩子每天早上要做的事为例。

以下是方案1：

6点50分闹铃响了，达伦自己起床，穿好衣服，下楼给自己做了份炒蛋吐司。7点20分他吃完早饭、刷牙。他检查了一遍书包，看看有没有忘记带作业和放学后踢球需要的东西，然

---

[1]. 一位因媒体报道而出名的美国妈妈，曾出版育儿书籍《放养孩子》。——编者注

后走过三个街区去学校。

以下是方案2：

早上7点，你把达伦摇醒；你把衣服拿好，放到他床上，让他知道要穿好衣服。等达伦下楼时，你已经为他准备好了早餐。7点20分达伦吃完早饭，你提醒他要刷牙。趁他刷牙时你检查了一下他的书包，看看该带的作业和足球鞋是不是都带上了。你把他的外套拿好，做好出门前的准备。7点半时你上楼喊达伦下来，告诉他要出门了，然后你们俩一起走到学校。

从某种角度来看，你可能会认为方案1（我认为它更接近放养理念）似乎"更好"。但如果你真的选了方案1，那么你的孩子差不多有25%的概率会忘带足球鞋或家庭作业，除非他是什么绝世奇才。他也可能因为忘记定闹钟而睡过头。接下来你会怎么做？你会再跑一趟，帮他把足球鞋或者作业送到学校吗？如果闹钟没响，你会叫醒他吗？

反思一下方案1，你真的能接受让10岁的孩子自己走到学校吗？你能接受孩子自己开燃气灶、炒鸡蛋吗？想都不用想，你的煎锅会被孩子搞得一团糟。

在这两个极端的方案之间存在一个很大的浮动范围——从完全独立到完全依赖父母。老实说，好的（成功的、快乐的）育儿方式可能位于这两者之间的任意位置。也许你最后会认为，孩子要做的就是在学校好好学习，专心上兴趣班，而你要做的就是帮助他们实现这一目标。如果这意味着你得为孩子做早餐，以便他们能多睡几分钟，这其实是非常合理的交易。这其实就是直升机式育儿,没错,这也可能是让你满意的育儿方式。

我并不是说哪一种育儿方式更好,而是说既然浮动范围那么大,你就应该慎重地选择育儿方式,并了解科学研究提供的证据(下文将为大家介绍相关研究)。在实践中我们会很容易陷入这样的状态:给孩子提供的支持超出了你的计划。

比方说,你嘴上说要让 7 岁的孩子自己穿好衬衫、裤子、袜子、鞋子,然后去上学,但每天孩子穿衣服的时候你都要问上几遍:"你袜子穿了没?"你原本只是顺口问一句,并不是有意给孩子提供支持。你正忙着照顾 3 岁的妹妹呢,只是碰巧想到了,随口一问,因为他好像经常不穿袜子。但其实你心里相信他能做好这一切。

然后有一天你在外地。孩子上学迟到了。你的妻子打电话来,有点生气地说:"他应该自己穿衣服!我们迟到都是因为他忘记穿袜子,已经有两次了!"这时你才意识到,你的随口一问其实是在给他提供支持。事实上,他穿衣服时并不是完全靠自己。是的,他会穿裤子和衬衫,甚至有时也会穿袜子。但他并没有真正承担起责任。

鼓励孩子独立是件难事,大人得非常用心,尤其是鼓励年龄小一些的孩子,真的非常、非常困难。比如说,我的两个孩子都决定自己做饭。你可能觉得这个主意不错,对吧?俩孩子一个 4 岁,一个 8 岁。毫不夸张地说,我觉得他们真能把我逼疯。他们干起活来磨磨蹭蹭,让我生不如死。我手脚比他们麻利一百万倍。他们还把厨房搞得一塌糊涂。芬恩打完鸡蛋会把手往台面上抹（不明白我为什么那么抓狂？那我告诉你，干了的蛋白很难擦，只能用铲子铲掉）。从某些角度来看，这是值得的，嗯，我知道，我当然知道——学会煮意大利面对他们当然有好处。但这个过程需要的耐心几乎超出了我的极限（不，不是几乎，是已经超出了我的极限，还好我会时不时让自己缓一缓）。

虽然鼓励孩子独立很难，但独立的价值有目共睹。在当下的环境中，人们希望孩子变得更独立，这种诉求甚至开始略显疯狂。许多作者认为，最近几代人的独立性和能力都较差。他们认为，如果我们为孩子们提供过多支持，他们将无法自食其力，这是现代人育儿的问题之一。父母们努力帮助孩子取得成功，实际上是在让他们走向失败。

他们认为，这些能力较差的孩子在进入大学后不太能处理好自己的问题。如果孩子10岁时需要你摇醒，那大概率18岁时仍然需要你摇醒。但那时孩子已经离家上学，你不可能跟着他们去学校。这样的孩子第一次住公寓时只能顿顿吃赛百味，因为你从没教过他们怎么煎鸡蛋。

我刚上大学时曾写电子邮件给妈妈，请她给我寄些电池来，因为我不知道去哪里能买到电池。那时我已经实现了我的人生目标，成了哈佛大学的学生，更关键的是，我从宿舍窗户就能看到对面的便利店，可我居然不知道去哪里买电池。虽然最后我学会了独立，但那是妈妈给我寄来电池之后的事了（谢谢你,妈妈)。

那么研究的数据会得出怎样的结论?直升机式育儿真的有问题吗?从另一个角度看,它是否有价值?

父母参与有什么好处?

从整体来看,如果有父母参与,孩子在学校和其他场合的表现都会更好一些。我们可以从一项有些年头的研究中看出这一点。该研究发表于1980年,以英国儿童为研究对象,收集了大约250名7~8岁儿童的数据,并研究了母亲的"辅导"(在该研究中就是听孩子朗读)与儿童的阅读能力之间的关系。结果显示,有母亲辅导的孩子阅读能力更强,即使在控制智商这项独立变量的前提下也是如此。

当然,大家会担心辅导孩子阅读的母亲在其他方面存在差异,但随机试验也给出了支持这一结论的证据。这些证据似乎指向这样一个结论:在小学阶段,家长的辅导有助于提高孩子的阅读能力。

父母深度参与的价值可能不仅仅体现在提高孩子的阅读能力方面。最近的一项针对高中生的研究发现,父母的参与与孩子取得更好的成绩、在学校有更好的表现相关。与看电视的时长、做作业的时长等中介变量相比,父母的参与带来的影响似乎还要大一些,因此,父母的参与似乎非常有意义。

元分析也确切证实了父母的参与带来的影响,分析结果表明，父母参与程度越深，其子女的学习成绩越好。这至少适用于年龄较小的孩子——小学生和初中生，他们正是本书的重点关注对象。

在这些元分析研究中，研究者试图弄清哪种类型的参与方式最重要。但这很难，尤其因为这些研究大多不基于随机实验，而且，父母的行为往往混合了不同种类的参与方式。但从研究者得出的结论来看，这些研究都指出了父母的态度和鼓励的重要性，而不是具体的对家庭作业的帮助。也就是说，明确什么是重要的，并给予孩子这样的支持就行，但我们不能等孩子睡觉了再帮他们制作学校要求的希腊神话透景画。我们不会这样做的，对吧？

这些研究大多关注的都是孩子的学习成绩，很大程度上是因为成绩很容易衡量，但也有一些关于干预措施的证据，旨在增加父母在其他领域的参与度。其中一项研究关注的是住在公共住宅的青少年，旨在增进父母对青少年性行为和其他危险行为的了解。作者发现，父母跟孩子分享相关方面的知识可以减少孩子的危险行为，最明显的影响是避孕套的使用增加了。虽然这项研究与小学阶段的儿童关系不大，但我们不难想象，父母与孩子分享其他方面的知识也会对孩子产生积极的影响。

结论：这些数据证实我们的猜想是对的——总体而言，参与孩子的生活能带来积极影响。

父母参与有什么坏处？

嗯，父母参与更多是好事。你想支持孩子在学业和其他方面的目标，监督他们，与孩子分享关于他们所做的事情的知识等等。但你很容易感到不满足，因为孩子们不会按照你的期待行事。他们毕竟是孩子。你可以这样支持孩子：告诉他们学业很重要。你也可以这样更好地支持孩子：检查孩子的书包，看看他们的家庭作业带了没有。你还可以多跟老师沟通，如果孩子在学习上有困难，或者家庭作业太多，也许你要做的是与老师联系，跟老师一起找出帮助孩子的方法。

上述做法已经开始偏向于真正的直升机式父母的行为，在这方面的研究也确实引起了一些担忧。这些担忧似乎主要出现在以大学生为研究对象的实验中。研究认为，父母深度参与孩子的生活（尤其是在孩子上大学后），会导致孩子的自主性较低，与同龄人的接触也较少。这些研究指出，这样的孩子更容易焦虑，也更容易滥用药物。有一项研究以 300 名大学生为研究对象，结果发现，如果学生认为自己的父母是过度参与的直升机式家长，那么他更有可能患上抑郁症。

研究的结果令人担忧，但这些结果并不能告诉我们应该怎么做，因为在大多数研究中，父母的育儿方式都是由孩子们报告的。比如，我们在上一段提到了一项有 300 名大学生参与的研究，这项研究的关键是学生们认为他们的父母过度参与。也就是说，大学生期望父母参与的程度与父母实际上的参与程度不匹配，这可能才是问题所在。另一项研究的结果与之形成了对比，该研究表明，只有当大学生认为父母缺乏"温情"时，直升机式育儿方式才会与大学生的消极表现相关。我们也许可以这样解读：如果孩子喜欢父母，父母的参与就是件好事；可如果孩子不喜欢父母，那就另当别论了。

除了科学研究，大学管理人员口中的趣闻也为我们提供了大量的证据。本科生的院长们反映，很多学生都不知道可以用闹钟把自己叫醒，作业迟交了也不知道要跟老师沟通。他们找不到大学生活的方向，但他们的父母却仍旧不肯放手，一直通过电话、短信、电子邮件来监督他们。

什么时候放手？

在我看来，这取决于你想实现的目标。你的目标就是一个整体的框架，而且这个框架很有用。如果你打算一直与孩子保持密切联系——帮助他们适应大学生活、研究生生活、第一份工作、第二份工作、婚姻等等，你就得从头坚持到尾。但如果你希望他们到了某个阶段能独立生活（实话实说，我确实希望我的孩子能这样），到了那个阶段你就得放手。

到了大学阶段自然应当让孩子独立起来，但还是晚了些。而且坦率地说，如果孩子从来没自主管理过任何事情，我们最好别指望他们能一下子把所有事都安排妥当。如果家长还是"呼之即来"，在电话或电脑的另一端指导孩子，要放手就很难了。

高中也是让孩子独立的好时机，但此时放手同样有难度，因为孩子到了高中会很忙，而这个阶段的成绩对孩子的前程来说更加重要。如果等孩子到了十六七岁你才让他自己设闹铃、自己起床，那就意味你得面对这样的风险：孩子也许会错过从长远来看对他意义非常重大的一场数学考试。这时放手也很难。

孩子年龄大了之后很难养成新的行为习惯，这是个挑战，也是最强有力的证据，证明我们应该在孩子小一些的时候就鼓励他们独立自主。三年级的孩子如果能对自己的家庭作业负责，能认识到忘记做作业的后果，他们就能从中学到沉痛的教训，注意，我说的可不是高中三年级。如果三年级的孩子本该自己设闹铃起床，却因为睡过头而迟到了，他们就会错过自己喜欢的事情——安静的阅读时间或晨间活动，得到的关键教训是下次不能睡过头。

在旅行中我曾与很多高中生的家长交流，他们有时会很不好意思地承认自己仍然会为孩子做早饭。"孩子太辛苦了，"他们说，"我只是希望他们能多睡几分钟。"我明白父母的感受！而且，我也觉得突然把每天做早饭的挑战交给一个17岁的高中生，似乎有些不厚道。可当孩子离开家的时候，早饭就是他们每天都要面对的挑战！

他们要么早起做饭，要么提前买一些燕麦棒之类的方便食品，边走边吃。你也许能让孩子晚一点独自面对生活，但你无法改变孩子迟早都要独自面对生活的事实。我想说的是，如果孩子8岁时你就让他自己做早饭，后面就不会出现这样的问题。等孩子长到17岁时，他完全能应付自如。

> **数据要点总结**
> - 家长更多的参与似乎对孩子的学业有利。
> - 调查数据似乎表明，家长过度参与会让孩子在之后产生焦虑的情绪。
> - 家长的参与可能应该遵循中庸之道，但在很大程度上取决于你的个人喜好。

启发与思考

我对孩子独立性的思考，在很大程度上受到托马斯·菲兰的影响，所以我要对他写的《经理人妈妈的流行病》一书致以谢意，在思考如何才能让我的孩子承担起更多的个人责任时，这本书给了我很大帮助。我想在这里强调书中提到的一个重要理念：全部责任转移。

当家庭中的某个人（孩子或成人）承担了某项任务时，他们要对这项任务负全责。也就是说，他们不仅要负责计划和执行，如果没做好的话，他们还得承担后果。比方说，如果你让孩子自己带足球鞋，他们就有责任思考怎样才能记住这件事，而且有责任记住这件事，如果忘记了，还要思考如何解决这个问题。如果做早饭是孩子的责任，这件事就应该全权由孩子负责（前提是保证孩子的人身安全）。

关于孩子的人身自由也是同样的道理。如果你允许孩子在后院玩，他就可以自行到后院玩。要不要去后院玩，什么时候去，这些决定都应该交给孩子来做。你会觉得外面太冷、太热、雨太大、虫子太多，但你不能替孩子做决定。最终的决定权应该属于孩子。

把自由划分为几大类会对我们很有帮助。

首先是人身自由：孩子们有多少自主权，尤其在户外时？他们可以单独在家附近活动吗？可以离家多远？可以独自从学校步行回家吗？可以自己过马路吗？可以和朋友一起骑自行车去公园吗？你需要随时知道他们的行踪吗？

其次是跟身体健康相关的个人责任：他们负责个人生活中的哪些事？自己起床？自己穿衣服？自己做简单的饭菜？自己打包午饭（如果中午带饭的话）？自己洗衣服？自己决定什么时候洗澡？

最后是学习的责任：孩子对家庭作业和学校布置的其他任务承担多少责任？写不写作业，什么时候写是由他们决定吗？或者孩子跟你一起决定什么时候写作业，但他们得负责把作业带回来？我把兴趣班也划归到这一类。如果孩子开始学乐器，谁来决定练习乐器的时间？孩子练习时你会站在他们身旁吗？

回答这些问题需要考虑孩子的年龄。孩子 5 岁时和 10 岁时能够承担的责任截然不同（就算是同龄的孩子情况也会有所不同）。在家庭愿景中明确孩子的责任时，你需要定期回顾你为孩子设定的责任。

第三部分

每一次选择，
都关乎时间、金钱
和孩子的身心健康

如果你已经对家庭生活做了全方面的安排，也有相应的决策方法，那么原则上一切已经准备就绪了。你现在很清楚什么对你的家庭是真正重要的，你可以让它指引你，那么即使在育儿方面出现意想不到的问题时，你也能应付自如。

到目前为止，我在书中介绍的许多方法都与商学院第一年的课程很类似。我在给工商管理硕士专业的学生讲授微观经济学导论时，会把重点放在全局性的方法与主题上。比如说，我会尽量让学生明白，理解"需求弹性"这样的基本概念是良好决策的关键，尽管他们很少有机会面对"我的公司的需求弹性是多少"这样的问题。

还有一系列课程开设的时间要晚一些。这些课程关注的是实例，我们一般称之为案例研究。学生们会结合实际的商业环境研究真实公司的经验。他们要研究这些公司正确与错误的经营策略，并从证据中得出普遍的教训。如果说一年级的基础课程给学生呈现的是公司的全局观和全局性的方法，那么高年级的课程就是学习公司怎样把全局观和全局性的方法切实地付诸实践。

这些案例并不是要告诉学生到底该怎么做。课程中有一个非常著名的案例，讲的是 20 世纪 80 年代 VHS 和 Betamax 针对家庭录像带格式掀起的一场战争。时至今日，商学院的课程里仍然包括这个案例，这并不是说现在的学生很可能会卷入一场抢占录像带市场的商战中，而是因为这个案例能够让学生学习到一些重要的原则，这些原则能够帮助他们在现在的商战中做出明智的决策。（剧透一下：最后 VHS 赢了。）

接下来的部分我们要讲的就是案例研究。更准确地说，是文献研究。诚然，从原则上来讲，有了家庭愿景和全局性的方法，你完全有能力自己做决定，而且，显然有些问题是你们家特有的，在这种时候，其他人的经验对你没有任何帮助。

不过，还是有一些很多父母都会思考的共性问题，我们也能找到共通的证据。正如所有公司都不应该重蹈 Betamax 的覆辙，在面临"孩子应该什么时候上学"这个问题时，也不应该让所有的家庭都去查阅一遍相关文献。虽然在大多数情况下，文献研究不可能直接适用于每一个孩子，但它为家庭的选择指明了方向。

本书的文献研究集中在四个领域：学校、课外活动、社会情感的发展、娱乐。在接下来的每一章中，我会先概述一下该领域可能出现的各种问题，并谈谈数据在哪些方面对我们有帮助，哪些方面没有帮助。对父母而言，很多问题根本没有可借鉴的依据——在被难题缠住之前，你最好先知道这一点，才能做好心理准备。

接着，我会谈谈那些能帮助我们做出决定的数据，并讨论这些数据到底能说明什么，关键的教训有哪些，以及哪里仍然存在漏洞。

最后，在每一章的末尾，我会至少举一个很多家庭都会遇到的具体例子，并讨论如何使用前文建议的方法（以及数据）做出选择。也许文中谈到的具体事例并不是你的问题（除了最后谈到的问题：孩子什么时候才能拥有手机？面对现实吧，每位家长最后都会为这件事头疼），但你可以根据别人的处理方式举一反三。

现在，拿出哈佛商学院的案例包，回顾一下 Betamax 的历史，我们开始吧。

第八章

择校真的会影响孩子的成绩吗?

我们先来做道算术题:美国孩子到高中毕业一共要上13年学,每年要去学校180天(把大雪天停课的时间也算进去的话),每天在学校待8个小时,也就是说,孩子总共要在学校待18 720个钟头。这样一算,我们就不难理解,为什么对许多人来说,关于学校的决定显得异常重要。孩子上哪所学校好?几岁上学比较合适?需不需要上课外补习班?如果有几所学校可供选择的话,怎么评估学校的优劣?

正确的选择往往不会那么显而易见。择校也不像买早饭,不好吃的话第二天可以买别的。择校是一个极为关键的选择,你只有一次机会,可是你又缺乏择校方面的背景知识和专业知识。欢迎加入抓耳挠腮的爹妈的行列!祝你好运!

但我们得记住,虽然择校是件大事,但它并不是全部。即使在上学期间,孩子在校外的时间也比在校内多(如果把睡眠时间算进去的话,那就更多了!)。我猜,你不是20世纪40

年代的英国贵族，所以你不会把6岁的孩子送到寄宿学校去。如果选的学校不合适，你可以重新审视你的选择。换学校肯定不像买早餐那样容易，但也不是完全没有回旋的余地。择校确实需要深思熟虑，但为这个问题耗尽心力并非明智之举。

关于学校，家长们有很多疑问，涉及的范围也很广。

有些问题很普遍：要不要让孩子晚点儿上幼儿园（我在本书的开头已经讨论过）？是抽签让孩子上特许学校[1]好呢，还是让孩子上附近的公立学校？有必要去私立学校吗？

有些问题则比较特殊：家里不止一个孩子，我可以只送一个孩子上私立学校吗？上一年级的小孩讨厌写家庭作业——是干脆叫他们别做呢，跟老师商量呢，还是告诉他们无论如何都得做呢？女儿在阅读方面有困难，我觉得她的老师教的方法不对——是找校方沟通好呢，还是请家教好呢（家教到底有没有用）？我应该如何看待学校的种族或民族多样性，如果我的孩子是多数或少数群体的一员，会有什么区别吗？

首先，关于学校，我有一些好消息要告诉你。具体来说，就是我们有一些可供参考的数据。

一般来说，教育，尤其是学校的教育，是经济学——或者更宽泛地说，是社会科学——的热门议题。一个关键原因是，教育是极为重要的政策问题。美国政府每年给公立学校提供的资金约有7 000亿美元。但是投入了那么多钱，结果却并不理

---

1. 在美国，由州政府立法通过，特别允许教师、家长、教育专业团体或其他非营利机构等私人经营的学校称为特许学校，由政府负担经费，不受一般教育行政法规的限制。——译者注

想，导致美国学生在学业上落后于其他国家（西欧国家、日本、韩国等）的学生，大家对此满腹牢骚，在过去的几十年里一直争论不休。

正因为人们的关注，我们才能看到很多科学数据，有些数据非常有用。我在本章后面会谈到，我们可以在一定程度上了解什么样的学校是好学校，特许学校与社区公立学校的优势是什么，私立学校的情况如何，以及孩子应该在什么时候入学，还有家庭作业与辅导班的问题。在很多方面，我们都可以找到令人信服的研究数据，这些研究很好地考查了学校教育对孩子的影响，同时排除了家庭背景对孩子的影响。

但我们也要看到，这些数据并不是万能的。下面我要指出这些数据在两个方面存在的局限性。

第一，几乎所有我会谈到的证据都以考试分数为重点。但作为家长，除了考试分数，你可能也关心孩子在其他方面的情况，比如孩子在学校是否感到快乐和自信，能得到多少支持。这并不是说如果孩子进了在州级或全国考试中表现优异的学校，他们就不太能感到快乐和自信，而是因为我们真的无法了解，这些因素是很难衡量的。（科学家也会研究"家庭对学校的满意程度"，但这又是另一回事了。）

很显然，在选择学校时，我们需要考虑孩子在学校里是否会感到快乐，但我们在这方面并没有可供参考的数据。

第二个问题是，大多数数据，尤其是关于择校的数据，往往关注的是政策环境，特别是针对表现较差的学区和弱势人群。如果你运气足够好,在你生活的地区有许多声誉良好的公立学校可供选择,我们就不太能确定这些数据是否适用于你的家庭。

如果你的备选项都是私立学校,这个问题就更突出了。比方说,你要在两所声誉良好的私立学校中做出选择,而且你要评估这两所学校在州级机器人竞赛中的表现孰优孰劣,那你可能无法找到可供参考的全面且系统性的数据。同理,如果你需要在理念不同的私立学校之间做出选择,比如贵格会学校与蒙特梭利学校,那你同样找不到有用的数据。

最后,如果你要搜集与在家接受教育或"非学校教育"(所有淡化正规学校教育理念的教育方式)相关的证据,你也无法找到基于数据的资料。这些非传统形式的教育方式极为独特,科学家们几乎无法区分孩子的表现是教育的结果,还是其他方面的因素造成的结果。

但这并不意味着选择不同类型的私立学校或者是否在家接受教育不那么重要,只是我们无法将数据纳入决策的过程。

接下来我将介绍与三个问题相关的研究:择校的问题,家庭作业和课外班的问题,以及孩子如何学习阅读、哪种阅读教学方式最好这一颇有争议的问题。关于学校教育的第四个关键问题是入学年龄,这个问题我已经在引言中解释过。

在本章的最后,我会以一个具体的决策为例,就像我在本书开头以入学年龄为例那样,说明如何将这些方法结合起来。

公立、私立和特许学校，应该怎么选？

这是一个最基本的问题：孩子应该上什么学校？

你如何考虑这个问题，在很大程度上取决于你居住在哪里，而反过来，你选择在哪里居住，也会有择校方面的考虑。

佩内洛普3岁的时候，杰西和我做了一次跨地区调研。当时佩内洛普还没正式入学，但她年龄也不小了，我们知道她很快就得上学了。所以了解各个学校的情况是我们调研工作的重头戏。我们在这个过程中得到的主要收获是，不同地区的情况差异很大。

在我们走访的某些地区，选择学校是件很简单的事情：人们居住的地方有公立学校，而且两所学校都很好，孩子们可以走路上学。但另一些地方的公立学校相当糟糕，家长就更倾向于选择特许学校或私立学校。

如果私立学校也是备选项，预算会是一个非常重大的问题。有次我跟一位母亲聊天，她说要是孩子上私立学校的话，他们一家人就只能住小一点的房子——到底应该怎么看待这样的取舍呢？

面对这样的选择时，我们应该如何使用数据？思考下面两个问题会很有帮助。第一，某些类型的学校是否比其他学校"更好"，比如说特许学校或者私立学校一定更好吗？第二，这些数据是否能说明好学校通常应该具备的特点——在梳理备选项的时候，是否有什么具体的标准可循？接下来我们就要讨论这两个问题。

● 数据能告诉我们什么：关于学校的类型

教育方面的学术文献有很多，更别说有多少关注学校教育的智囊团和政策性组织了。你肯定会想，既然那么多科学研究人员和决策部门都对学校教育非常有兴趣，我们应该很容易就能知道什么类型的学校最好。

但这可没有那么简单。比如说，单纯比较私立学校与公立学校的学生的表现并不能说明哪种类型的学校更好。因为孩子是否会去私立学校上学与家庭的特点相关。因此，我们无法通过简单的对比得到有价值的结论。

即使是看似简单的对比，比如说，把在家附近的特许学校上学的孩子与在同一地区的公立学校上学的孩子进行对比，也是个大工程。也许把孩子送到特许学校的家长与其他家长本身就存在差异（例如前者在孩子的教育上投入更多？）。换言之，起作用的可能是家长之间的差异，而不是学校之间的差异。

那该怎么做研究？理想的方法，也是一贯的方法，就是随机实验。比方说，如果能把孩子随机分配到特许学校，就更容易得出存在因果关系的结论。事实是，至少是否上特许学校是可以随机决定的，因为特许学校的招生方式是抽签。

那么具体怎么操作呢？我们来看一个简单的例子。

马萨诸塞州的林恩市位于波士顿偏北处，人口收入相对较低，公立学校的表现历来不佳。在21世纪初，林恩市开设了一所特许中学，由特许学校系统KIPP经营。起初想上这所学校的学生并不多，所以只要报名就能去。但几年后，报名上这所学校的学生人数超出了学校计划的招生人数——算下来是每200个孩子对应90个录取名额。

马萨诸塞州有许多特许学校,它们都遵守州政府的规定:如果申请的学生人数超出了学校能接收的学生人数,最后会通过抽签的方式决定。(如果你想知道抽签是如何操作的,建议你观看一部非常棒的纪录片《等待超人》,讲的是在纽约市这样规模更大的地方是怎么抽签的。)抽签的方法有很多种,关键在于它是随机的。一些孩子被随机选中,获得了入学资格,另一些孩子则没有那么好的运气。

没抽中的学生多半会留在公立学校。

这就意味着有这么一组孩子,也就是那些参加抽签的孩子,其中一些被随机选中去了特许学校,另一些孩子则去了公立学校。通过比较这些孩子之后的表现,我们就能知道,上特许学校的孩子是不是比留在公立学校的孩子表现更好(或更差)。

麻省理工学院的科学家们在林恩市的这所特许学校开展了上述研究,结果发现,进入特许学校的学生的考试成绩比留在公立学校的学生的要好得多。特许学校学生的数学考试分数比公立学校学生的分数高了约0.4个标准差。你也许不明白这是什么意思,这么说吧,换算成智商的话,相当于前者在标准智商测试中得到的分数比后者高出6分。

把学校的抽签看作随机实验的论文有很多,这只是其中一篇。仅在马萨诸塞州就有很多相关的研究。马萨诸塞州还会通过抽奖的方式派发学券（学券可以用来抵扣私立学校的学费），这与抽签很类似，能让研究人员了解公立学校和私立学校的差异。同样重要的是，这种抽奖活动也是随机的：随机操作通常是公开的，让我们对因果关系更有信心。

但这个例子也说明，通过抽签、抽奖等方式来了解学校的质量存在更复杂的问题。一个问题就是经济学家所说的"LATE"（全称为"local average treatment effect"，既"局部平均处理效应"）。用稍微宽泛和不太专业的语言来说，就是这一类型的实验证明的其实是特许学校对某些家庭的孩子的影响。哪些家庭呢？对特许学校感兴趣的家庭，也就是参与过抽签的家庭。其反映的并不是特许学校对随机选择的孩子的影响。（实际的影响可能更大，也可能更小，目前并不明确。）

与此密切相关的一点，或者说与每个家庭的选择关系更密切的是，这些研究关注的是部分地区，是"抽签失败者"不得不面对的其他选择。从下文列举的数据中，我们确实能看到一些细微的差别，但值得注意的是，这些研究大都关注的是低收入且公立学校表现不佳的城区。

为了防止大家误解下文中的数据，在此我必须做出重要说明。但在了解这类研究的局限性的基础上，我们可以思考：总体来说，这些文献发现了什么？关于特许学校的综合数据与马萨诸塞州林恩市特许学校的研究结果是否一致？同样的方法又能告诉我们什么？

很多研究的结果与林恩市特许学校的研究结果一致。科学家们研究了许多城市的特许学校，例如波士顿和纽约，发现在特许学校就读往往对考试成绩有很大的积极影响，大约能高出 0.2 到 0.3 个标准差。这些研究多半聚焦于那些遵循所谓"无借口"模式[1]的特许学校，在这一类学校里，学生每天要上很长时间的课，必须遵守严苛的纪律，师生之间的相互反馈也很频繁。这一类学校往往位于城市中公立学校表现不佳的学区，在这些地方，如果孩子上不了特许学校，替代方案就是去公立学校。

最后这一点很重要。有学者总结了 113 所特许学校的抽签数据，写了一篇综述性论文，结果发现，特许学校的总体影响是积极的，但与在波士顿或者纽约所做的研究结果相比，积极影响要小得多，只高出 0.04 到 0.08 个标准差，而不是 0.3 个标准差。事实证明，造成这种差异的原因似乎是孩子上不了特许学校之后的选择：如果备选的公立学校较差，那么特许学校的作用就显得更为重要。

在下图中，论文作者用马萨诸塞州的数据说明了这一点。图中，纵轴对应的是特许学校的影响（即学生摇中并上了特许学校后考试成绩提高的幅度）。横轴对应的是没被特许学校录取的学生在最终就读的学校中的考试成绩衡量标准。圆圈代表的是不同的研究，这些研究的目的都是评估特许学校对学生的影响，圆圈的大小代表样本的大小。从图中我们可以看到，在

---

[1]. 美国无借口学校兴起于 20 世纪 90 年代，以对学业的高期望、严苛的纪律、高压学习模式为特征。——译者注

默认的公立学校——也就是学生没被特许学校录取后可能会去的地方——学生的考试成绩更差,特许学校确实提高了学生的考试成绩。而在默认公立学校考试分数较高的地方(横轴上更靠右的区域),特许学校的影响是中性的,甚至是消极的。

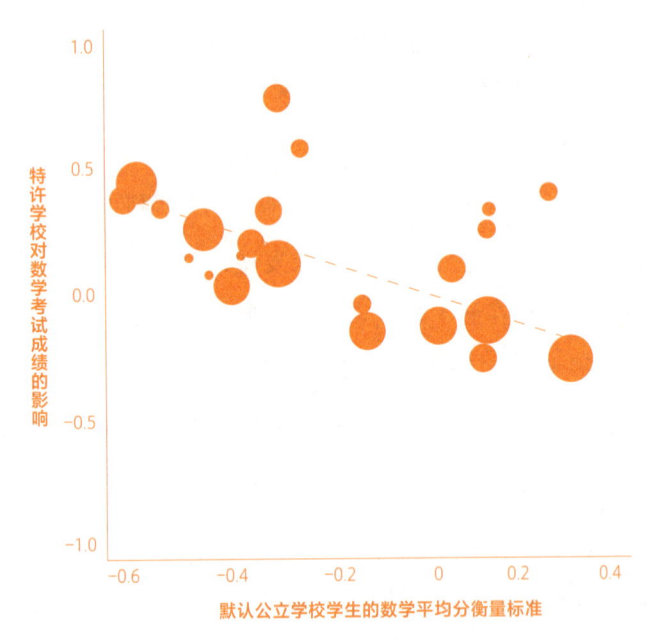

图3 公立学校的质量与特许学校的影响之间的关系

从某种意义上说,这一点儿也不奇怪:替代方案很重要。从家长决策的角度来看,父母是否考虑让孩子上特许学校的唯一因素就是有什么替代方案:孩子所在学区的公立学校如何?

同样,对学生的影响更积极的学校往往是那些按照"无借口"模式管理的特许学校,像由 KIPP、"成就第一"(Achievement

First）、"成功学院"（Success Academy）等连锁机构管理的特许学校就是其中的典型代表。这篇论文的作者想确定，在特许学校这个框架里，哪些因素起到了具体的作用，却找不到答案。一些证据表明，强化辅导对学生有帮助，但最终，最重要的因素似乎还是这一类型的特许学校往往开在公立学校表现不佳的地区，而上公立学校只会更糟。

那么私立学校呢？它们一定比公立学校好吗？

这方面的最佳证据还是来自抽签。不过这一次，抽签决定的不是孩子能不能上特许学校，而是能不能得到可以用来支付私立学校学费的学券。在美国，一些城市会通过抽签来派发学券，比如纽约和华盛顿特区。这一举措好像确实产生了较好的影响，尤其对黑人学生来说。在密尔沃基所做的一项研究发现，通过抽签赢得学券的学生的数学考试成绩总体上提升较大，入学后的每一年，数学考试成绩平均提高 1.3 分。

与特许学校的研究结果相比，这些结果没那么引人注目，也更经不起推敲。一些研究发现，学券有明显的负面影响。同样，私立学校与公立学校在成绩上的部分差异似乎是择校的替代方案造成的。在这种情况下，比学区公立学校的质量更重要的是可供选择的私立学校的质量。因为学券的金额并不是很高，而且在大多数情况下，它只够支付收费相对较低的私立学校的费用。除此之外，参加学券项目的私立学校往往需要更多的生源；而就学校的质量而言，报名人数不足是个不好的信号。

从家长决策的角度来看，我认为私立学校的研究结果不如特许学校的数据有用。首先，对许多家长来说，学券不太能影响他们的决定。而且，私立学校的研究结果并没有回答私立学校总体而言是否比公立学校更好的问题。换句话说，如果你有足够的资源，能把孩子送去一所有竞争力和资金充足的私立学校，你的选择可能是正确的，也可能不正确，但你不应该根据这些数据来判断你的选择是否正确。

在这里我想先停一停，谈谈关于学校的讨论中的种族问题。我们得承认，在学生考试分数较低的学校，黑人和拉丁裔学生的比例一般都过高。这些学生更有可能在资金不足、学生考试分数较低的学校就读。这意味着，特许学校或学券往往对有色人种的学生有着更为积极的意义。虽然孩子只能上较差的学校与警察暴力不是一回事，但它们都是结构性种族主义的一部分。在给孩子选择学校时，我们不能忽略这一事实，任何关于择校的讨论也不能忽略这一事实。

在面对这一现实问题的过程中，我必须认识到，其他人在这方面比我更有发言权。已经有一些著作探讨了这些问题，其中许多是由有色人种作家创作的，我相信这方面的著作会持续涌现。关于这方面的问题我也找到了一些数据，大部分突显了不同学校在资源方面的差异，但我们也需要结合历史背景，才能更好地理解这些问题。

● 数据能告诉我们什么：关于学校的特点

总的来说，比较不同类型的学校是一回事，回答下面这个更基本，从数据来看也更难回答的问题是另一回事：什么是"好学校"？比方说，你要去好几所学校实地考察，你怎么知道哪所学校最好？

数据会告诉我们一些非常有意思，但也许与决策无关的事情。比如说，幼儿园老师真的很重要。我最亲密的同事约翰·弗里德曼在2011年与人合作发表的一篇论文中指出了这一点。他们发现，如果孩子的幼儿园老师更有经验，那他不仅会在幼儿园表现得更好（这似乎是显而易见的），而且在将近30岁时的收入也会更高。

在一篇相关的论文中，同样的作者指出，如果孩子在学校（不仅仅是在幼儿园）里有一个更好的老师，那么孩子考上大学的概率和成年后的收入会增加，在青少年时期怀孕的概率也会降低。

好，现在你懂了，有好老师是件好事。可这在参观学校时很难搞清楚。更别说等到你家孩子来到这所学校时，老师可能已经换人了。

这些论文以及其他许多论文得出的结论指出了班级规模（也就是师生比）的重要性，我觉得这倒更实际一些。大量的研究表明，如果班级规模较小，那么无论在短期还是长期，学生的成绩都会提高。班级规模是我们可以评估的因素，而且每个学校的班级规模通常并不相同。私立学校的班级规模一般要小一些，即使是同类型的学校，班级规模也存在差异。

除此之外，有一篇论文试图深入研究为什么某些特许学校运作良好，其作者指出，教学时间更久、更全面的教师反馈以及给学生更多的辅导是这些学校成功的关键。在这三个因素中，我们很容易就能观察到教学时间的长短，也有可能了解到校方是如何管理教师反馈的：对于学生的表现，学校是不是有针对老师的问责制度呢？

最后，我们有必要考虑投入和产出。研究人员在试图弄清楚好学校的要素时，更关注的是考试成绩。因为考试成绩是我们能直接看到的东西，所以研究往往会从考试成绩入手。

综上所述，我认为完成下面的表格也许能帮助你考察备选学校，让你明确要从哪几个维度作比较。把它们都写下来，你就可以直观地看到其中的利弊得失。你可能会发现某所学校的班级规模较小，但教师的反馈不太明确，或者考试成绩较差。这些信息并不能为你做决定，但你可以从它们入手。

学校				
班级平均人数（从幼儿园到五年级）				
师生比				
每周教学时间				
教师反馈制度、反馈频率				
是否有辅导班				
州级测试成绩				

我们得记住，作为父母，我们更关心孩子在其他方面的情况。孩子快乐吗？有足够的休息时间吗？学校是否多样化？学校的价值观是否与我们的一致？

对我来说，我在给孩子选择小学时最看重的是学校对社区的关注度，学校是否积极参与社会活动，有没有回馈社会。我没有现成的表格提供给大家，你需要自行思考你看重的方面。了解学校的具体信息可能对你有帮助，相比之下，研究数据则没有太大的参考价值。

> **数据要点总结**
> - 在公立学校表现相对较差的学区，特许学校的学生总体上学习成绩更好。
> - 在班级规模较小、教师反馈频繁且充分的学校就读的学生考试成绩往往更好。
> - 在比较学校时，我们需要看一些数据：考试成绩、能力水平。你关心的不止是孩子的学业，但了解一下学生的成绩是有帮助的。

孩子需要上兴趣班和辅导班吗？

美国人对家庭作业以及课外作业的态度随着时间的推移而摇摆不定。在 20 世纪早期，家长们觉得写作业是学习的重要组成部分。然而，到了 20 世纪 40 年代，家长们不再看重作业，都觉得作业不是必须的。时间来到 50 年代，苏联发射了人类历史上第一颗人造卫星，美国人觉得自己输给了苏联，于是孩子们的作业量开始增加了。进入六七十年代后，家庭作业量再次下降，而80年代的美国人普遍认识到美国学生的考试成绩落后于世界其他地区，所以家庭作业量再次增加。

值得注意的是，推动这些变化的并不是令人兴奋的新研究、新发现、新认识，而是全球竞争带来的焦灼感。当然，我们不能肯定美国人的反应代表的就是现实。近年来，美国人再次表现出担忧，他们主要担忧的是美国孩子的学业成就落后于日韩等亚洲国家，而这些国家的孩子需要做更多的课外作业。现实情况是，在韩国，至少有一些孩子每天都要在辅导班再上几个钟头的课。即使我们每个人都赞成这么做（实际上，许多人并不认同这种做法），也不能指望在幼儿园多做几张数学练习卷就能解决问题，那是夸大其词。

美国的家长们目前是支持还是反对家庭作业？我想说这个问题有点复杂。一方面，课外辅导班的资源似乎空前丰富，有来自日本的"公文数学"，有来自俄罗斯的"数学学校"，这些机构的教学点和各种类似教学机构已多到泛滥。在纽约市，有些家长会给4岁的孩子报名上考前培训班，目的就是为了把孩子送进"合适的"幼儿园。

另一方面，一些更"先进"的学校正有意识地转向无家庭作业政策。我最近和一个朋友聊过天，她家孩子很快就要上幼儿园。她住的地方是全国最好的学区之一，而且她家跟公立小学就在一条街上，可她仍然在考虑是否要让孩子去遵循无作业原则的私立学校,甚至初中至高中也要送孩子去这样的学校。

她重视孩子的教育,却要送孩子上无作业的学校——她的标准并不矛盾。为什么呢?因为她想更好地把握孩子的校外时间。对于家庭作业,家长的态度非常微妙。

不过,作为家长,我们可能想把重点放在实际的问题上。这里其实有两个问题。第一个,你如何看待学校布置的家庭作业——你对它表示欢迎吗?第二个,你应该如何对待额外的校外作业(如果有的话)?第二个问题更明显与你的选择有关,而且不受住处和学校等其他因素的影响。我会先讨论第一个问题,因为从许多方面来看,它是一个范围更大、更有趣的问题,而且会影响到第二个问题。我还认为,在某种程度上,它也是一种选择。就像我那个朋友一样,你可以选择控制作业量的学校或学区。就算孩子的学校在低年级就布置家庭作业,你也可以选择"反击"。

但你应该这么做吗?数据又是怎么说的呢?

● **数据能告诉我们什么:关于家庭作业**

研究家庭作业的文献非常多,但这些文献极具争议性:有家庭作业的捍卫者,他们发表的论文有《一个教师对家庭作业的辩护》等;也有狂热的反对者,他们写的书有《家庭作业的迷思:为什么我们要给孩子那么多坏东西》等。再比如,1999年的《时代周刊》杂志有一期的封面报道是《家庭作业太多!

它如何伤害孩子，父母又应该怎么做》。

从理论上说，我认为双方的论点都是合理的。支持家庭作业的人提出了几个关键的论据。首先，家庭作业能帮助学生强化校内学到的知识。如果孩子在学校学了乘法表，回到家再做些练习可能会有帮助。学生只是需要在某项任务上花费更多的时间，而他们在学校不一定有这些时间。与此相关的是，难度大一些的家庭作业会提升孩子解决问题的技能，而老师在课堂上很难把这样的技能传授给学生。最后一个重要论据是，家庭作业能促进非认知技能的发展，因为它要求学生做事有条理，学生必须记得做作业，做完后还要交回学校。（可能还有其他一些好处，比如父母的参与。）

反对家庭作业的论据是，学生每天忙着写堆积如山的作业，这是在浪费时间，家庭作业占用了孩子自由探索、发挥想象力的玩耍时间，以及与家人相处的时间和睡眠时间。家庭作业可能会让学生厌恶学校，对学习产生反感。而且，家庭作业也许对高收入家庭的孩子更有利，因为他们的父母有更多的空闲时间，可以检查孩子的数学作业，陪孩子一起建造太阳系透视模型之类，如果是这样，家庭作业就会带来不公平的结果。

要评估这些问题极其困难。观察和评估上述论据中提到的许多结果是个极大的挑战。比如说，要如何量化非认知技能和对学习的热爱呢？很难。科学研究依靠的不是直觉。从上述论据中提到的结果来看，支持和反对家庭作业的论点似乎都很有道理。我能理解为什么让孩子们尽早学会记住做某件事并坚持下去是有用的，我也知道为什么 12 页的两位数乘法练习会让孩子得出"数学真烦"的结论。

另外，家庭作业究竟是好还是坏也跟个体有关。如果孩子大脑的执行功能发展较好，那么家庭作业对他的益处就更少，而伤害更大；反过来，如果孩子需要更多的支持，那么家庭作业对他的益处就更大，而伤害更小。

你也许会说，总可以直接研究成绩吧。家庭作业是否能提高学校的考试或标准化考试的成绩？找出这个问题的答案能帮助我们评估那些支持家庭作业的论据，毕竟死记硬背的能力和解决问题的能力（也许没前者那么显著）都可以通过成绩体现出来。

但这个问题也很难回答，因为科学研究中的因果关系很难确定。比方说，你可以拿有家庭作业的孩子和没有家庭作业的孩子对比，但你很难确定结果到底是家庭作业在起作用还是其他因素在起作用。有一些研究者从学生的层面出发，研究了学生们报告的自己花在家庭作业上的时间与学生在学校的表现之间的关系。要说有什么问题的话，这些研究本身就有问题。我们甚至都不清楚，这样得出的结果存在正偏倚还是负偏倚。一方面，对学业更认真的学生可能会花更多时间在家庭作业上；另一方面，那些学习上有困难的学生需要花更多时间写作业。我们很难确定，这个研究到底是高估还是低估了因果关系。

做一些随机对照试验似乎并不难，例如，让一些班级布置家庭作业，另一些班级没有，或者让一些学生做家庭作业，另一些不做。事实上，确实有人做了一些随机研究，不过没我们预想的那么多，而且一般都是小规模的。例如，1990年发表的一篇研究论文以4个小学五年级的班级为研究对象，其中两个班级布置了家庭作业，另外两个班级不布置家庭作业。研究发现，布置家庭作业的班级后来的考试成绩较好，但因为样本量只有4个班级，研究人员很难得出强有力的统计学结论。

因为相关研究证据的局限性，我们很难对这些研究的结论充满信心。不过，在梳理了分别发表于1989年与2006年的两篇重量级的论文综述后，我们不难发现，证据一致显示家庭作业会对学生在学校的表现产生积极影响。通过各种类型的研究，我们看到了积极影响的证据，虽然这些研究存在不同的偏差。

这些研究的效应值[1]总体呈中等，而且年龄较大的孩子的效应值比年龄较小的孩子的要大得多。也就是说，虽然证据有限，但有更多证据表明，家庭作业对6～8岁的孩子确实挺重要，而孩子上了初中后，家庭作业的影响似乎会持续增加。

这些研究关注的都是需不需要给孩子布置家庭作业这个问题，而与之相关的另一个问题是，布置多少家庭作业才是足够的？这些年来，孩子们家庭作业的数量似乎一直在增加。有一

---

1. 效应值是量化现象强度的数值。无论哪种效应值，其绝对值越大表示效应越强，也就是现象越明显。——译者注

篇文章指出，6~8岁儿童做家庭作业的时间从1981年的每周平均52分钟增加到1997年的每周平均128分钟。但科学家们目前还未仔细深入地研究这个问题，而且从表面上看，你想让孩子通过写作业达到什么目的似乎很重要。比如说，如果目标是背诵乘法表，那么多练习可能会更好；如果目标是强化做事的习惯（让孩子记得把作业带回家，做完后再带回学校），那孩子就不需要在做作业上花费过多时间。

当然，很明显，家庭作业的价值取决于学生正在执行什么类型的任务。这一点很重要，但同样很难开展研究。家庭作业可以是写阅读日志，也可以是做练习册，这两种类型的作业截然不同，可能对孩子都有好处，但并不是一回事。做家庭作业有一些"最佳方法"，这些方法综合且高效，但我们并不清楚是否每个学生都用这些方法来做作业（事实上，这肯定是不可能的）。

我认为，这些数据的分散性反映了这场辩论的特点。教师精心设计并布置家庭作业能促进许多或者说大多数孩子的学业，而且，事实上，大多数数据表明，家庭作业对学习成绩产生了积极影响。但家庭作业是否有坏处，以及这些坏处是否可以避免，我们还不太清楚。如果这对你的家庭来说很关键，那你应该更多地了解学校在家庭作业上的政策，比如校方如何看待家庭作业，孩子每天大概要花多长时间做作业，校方是否愿意听取家长的意见，等等。

● **数据告诉我们什么：关于课外作业**

我们已经讨论了学校布置的家庭作业，那么课外班又如何呢？比如数学补习班、公文阅读练习或科学实验兴趣班？

不管其他国家的家长或者互联网网民持怎样的观点，实际上，美国家长对课外辅导班的重视程度远不及其他国家和地区。2006年，韩国父母在私人辅导班上的花费相当于整个韩国GDP的2.6%，而韩国所有正规教育机构的支出也只占GDP的3.5%！这种"影子教育"[1]体系存在于世界大部分地区，尤其是亚洲。

当然，美国也有一些父母会送孩子去上课外辅导班。但就目前而言，美国的大多数校外辅导机构仍然更注重查漏补缺而不是提高成绩。作为家长，你也许想问，课外辅导班有用吗？

总体而言，校外辅导是有用的。从某种程度上说，我们不需要对课外辅导班进行详细的研究，也知道一对一教学可以提高成绩。大量的基础教育文献表明，课外辅导班对不同水平的孩子都有帮助。这也许是小班教学能提高学生成绩的一个原因——学生与老师单独交流的时间变多了。

当然，我们可以深入了解一下数据。下面我们来看看卢森堡一项准实验研究的结果。在这项研究中，122名学生接受了校内课后辅导，另外122名学生则没有。研究人员对比了这两

---

1. 指在正规学校教育之外，各种社会文化教育机构和社会团体利用学生的课余时间，对其实施的一种有目的、有计划、有组织的教育活动。这一类教育在国际学术界一般被称为"影子教育"。——译者注

组学生的成绩，发现接受辅导的学生数学成绩提高了更多（研究人员还发现，接受英语、拉丁语和法语课后辅导的学生成绩也提高了更多）。

至于具体的辅导方法，有一些小规模的研究直接以公文教育（一家致力于通过练习强化学生技能的辅导机构）为研究对象，并评估了它对数学成绩的影响。结果发现，公文教育的方法能有效提高学生的成绩，该机构的辅导方法对提升快速计算能力的帮助尤其显著（考虑到该机构比较注重学生的计算能力，这也是意料之中的事）。值得注意的是，有一项研究表明，类似公文教育的辅导机构能够发现来自贫困家庭但数学能力很强的学生，并帮助这样的学生成才。

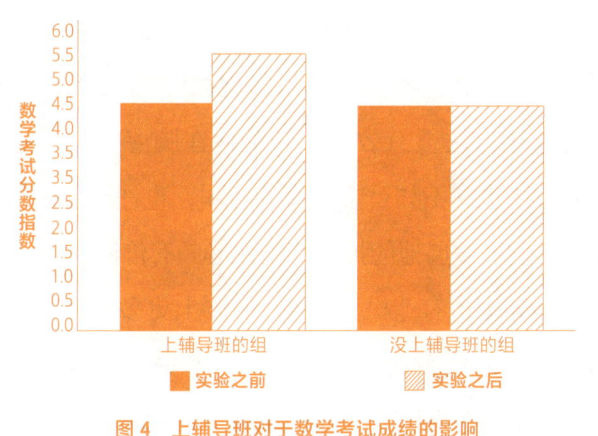

图 4　上辅导班对于数学考试成绩的影响

这项研究提出了一个在这类讨论中普遍存在的问题，而大部分这方面的文献也都注意到了这个问题：校外辅导是否加剧了社会的不平等。一些亚洲国家的父母不惜重金送孩子上辅导班，这些父母一般受教育程度较高，家庭条件也比较优越。而美国上 SAT 辅导班的孩子——诚然，他们的年龄已经超出了本书关注的年龄范围——也往往来自高收入家庭。

你也许会问，在纽约这样的城市，什么样的家长会给 4 岁的孩子请一对一的家教，好让孩子能考进公立学校的"天才班"？答案你应该猜得到——拥有更多资源的家长。

从家长决策的角度来考虑，我们从数据中似乎可以看出，辅导班能提高某些学科的成绩。比如说，如果你把孩子送到公文教育的目的是提高孩子的计算速度，结果很可能是，孩子上了辅导班之后确实能计算得更快了。

但这并不是说，从长远来看，辅导班也很重要。我曾经和一个事业有成的人交谈过，他告诉我，自己当时并没有依照规律背诵乘法表（我也不太理解那些规律），而是自己独创了一套方法，这个方法很有效，能帮助他在脑海中直观地完成计算。他的方法也许不如公文教育的管用，也许速度很慢，但从长远来看，这对发展他的推理能力想必颇有价值。

课外辅导班也有"机会成本"：要上更多的辅导班，孩子做其他事情的时间就会减少。在撰写本书关于睡眠的那一章时，我查阅了关于韩国青少年睡眠时间的数据，发现他们平均每晚只能睡 6.5 个小时，而这主要是因为辅导班侵占了他们的睡眠时间。不仅如此，如果送孩子上辅导班会让 10 岁的孩子睡眠不足，那么辅导班真能帮助他们"出人头地"吗？我们并不清楚。而且,如果要求孩子无论在校内还是校外辅导班中都表现良好,可能会给孩子带来压力和焦虑,而这会给孩子带来怎样的影响,目前我们不太了解。

上辅导班和上兴趣班类似,在有些圈子里,你很容易就会觉得自己在这方面总是落后于其他家长。但你不能因为这种糟糕的理由就给孩子报班。如果孩子很想做一些数学课外练习,也许你可以尝试一下。但你不必像有些父母那样,让孩子一周上五天数学培训班,那不值得。

> **数据要点总结**
> - 学校要不要布置家庭作业是一个有争议的话题,而且很难就此开展研究。
> - 总的来说,数据表明,有些家庭作业可以促进孩子的学业,但这也要看家庭作业是否设计得科学、合理。
> - 辅导班、家教似乎能提高孩子的考试成绩,但会占用孩子从事其他活动的时间。

如何让孩子爱上阅读?

小学生在学习过程中会经历很多重要的时刻,比如说,孩子突然就明白了以前不明白的一些基本的道理。但我敢说,没有什么会像孩子学会阅读的时刻那样神奇。那种感觉就像本来只能磕磕巴巴地认识"大""小"这种简单字的孩子,一夜之间就能读出"男孩和他妈妈一起在玩具店里"这样的长句。

喜欢阅读的父母，甚至是许多不喜欢阅读的父母都会为此感到兴奋，一部分是因为我们迫不及待地希望孩子能爱上读书。我记得，佩内洛普小时候在学习阅读的过程中会有受挫的时刻，然后我就反复跟她讲，一旦学会了阅读，一个人就永远不会觉得无聊。当时她并不能领会这话的意思，但后来她承认我是对的。（至少我的记忆是这样的，反正我是对的。）

尽管并非所有的孩子都是在学校里学会了阅读，而且更重要的阅读是消遣性的阅读，我还是把有关阅读的内容放在学校这一章里。对许多父母来说，可能有一个重要的问题：如何鼓励孩子在课外时间阅读，以及鼓励孩子阅读必读书目之外的书籍？

不过，也有一些问题与学校教育直接相关，特别是在阅读这个方面。孩子们是怎么学会阅读的？什么时候开始学？更实际的问题是，应该怎么教他们阅读？是否有一些"更好"的教学方法？

● 数据能告诉我们什么：关于学习阅读

我最喜欢的一类书籍是 19 世纪的极地探险故事（剧透提醒：超级冷，而且死了很多人）。虽然杰西和我有很多共同爱好，但他对这类书不感冒。我记得我上次读极地探险故事时想把情节讲给他听，结果他以牙还牙，不厌其烦地给我解释他正在读的书的细节——特此声明，这可不是我编的——他居然在看德国联邦统计局史。

我第二喜欢的是神经科学方面的书，我认为，要弄清楚孩子是如何学习阅读的，神经科学方面的知识是必需的。在了解孩子如何学习阅读之前，我可以先了解一下成年人（或者说会读书的人）是如何阅读的，这非常有必要。

你是怎么阅读的，是用眼睛识别单词还是把它们读出来？如果你是一个能流利阅读的成年人，你也许会认为你是通过识别单词来阅读的，你知道每个单词是什么样子。总的说来，你认为你会通过某种识别模式来阅读，比如说，当你看到"read"这个单词时，你知道它的意思是"阅读"。你觉得你并不需要把这个单词读出来。没错，对于像"read"这样的常见单词，我们确实是通过识别模式来阅读的。

（我们是怎么知道的？一个证据是单词的长度，如果单词的长度不超过8个字母，我们的阅读速度就不会受影响。但如果我们把单词读出来，情况就不是这样了。脑部扫描也给我们提供了相关的证据，科学家们曾通过脑部扫描观察大脑如何处理已存在的单词和我们想象出来的单词。）

事实证明，大脑在阅读时其实相当依赖声音（总体而言就是把单词划分为语块并在大脑中读出来），虽然我们并未察觉到这一点。这个过程非常快！但这并不意味着它没有发生。所以我们才能够处理以前没见过的单词或者想象出来的单词。

以"delumpification"为例，这个单词实际上是我编的。首先，根据英语单词的发音规则，你很可能知道这个单词应该怎么读。其次，你能猜出它的意思（根据构词法，你推断出它的意思大概是"去除肿块的过程"）。但这并不是因为你认识这个单词!你并没有察觉到你的大脑正在用它熟悉的语块发音:de/lump/ification(可能是这样划分的,至于大脑究竟是如何把这类单词划分为语块的,我们了解得还不够深入)。

了解这个过程,特别是了解流利的读者也要依靠发音来阅读,对如何教孩子们学习阅读可以带来很多启示。值得注意的是,这也是应该教孩子自然拼读法还是全语言阅读这场大辩论中的关键问题。

传统上,我们会用自然拼读法教孩子阅读:孩子们先学习字母的发音,然后学习它们的组合方式(常见的组合方式是辅音 + 元音 + 辅音),再学习一些特例(如果单词以字母 e 结尾,前面的元音发字母音之类),最后是一些更少见的情况(比如字母 k 不发音的情形)。

如果你对这些不是很熟悉,可以想想鲍勃阅读系列[1]。鲍勃阅读系列最开始只介绍了四个字母(a、m、s、t),第一本书总共就几句话——"Mat, Mat sat, Sam, Sam sat, Mat sat on Sam, Sam sat on Mat, Mat sat, Sam sat."第二本又介绍了接下来的两个字母(c、d),以此类推。

在过去的几十年,也可能是几百年中,自然拼读法取得了成功。但后来有人指出,自然拼读也许不是最好的方法。自 20 世纪 60 年代末开始,语言学家诺姆·乔姆斯基等人发起了一场运动,认为用"全语言"的方法教孩子阅读可能更好。这场

---

1. 一套英语阅读启蒙读物,以自然拼读法为基础,每个级别对应儿童阅读发展的特定阶段。——译者注

运动主张摒弃自然拼读法，让孩子沉浸在语言和故事中，孩子才能有效地学会识别模式并阅读单词。

简单来说，有几种论据支持这一做法。首先，用自然拼读法阅读较为枯燥。比如说鲍勃阅读系列中"马特"的故事，相信没有一个五六岁的孩子会觉得它很有趣。孩子会觉得学自然拼读是个苦差事。同理，英语中不遵循常规的发音实在是太多了，要把它们都钻研透也太乏味了。"字母 k 到底为什么不发音？"全语言教学能跳过那些无趣的部分，让孩子读到更好的故事——当然你也别指望孩子一开始就能读"哈利·波特"系列长篇小说，但至少不用读那么单调的东西。全语言教学也许更能让孩子产生兴趣。

这场运动提出的另一个观点是，成年人会通过识别模式来阅读，既然这是孩子们学习的方向，我们不妨就从这里开始。全语言方法在 20 世纪 80 年代和 90 年代得到了一定的发展；加利福尼亚州的公立学校就采用了全语言阅读法，马萨诸塞州也是。然而，事实证明，忽视自然拼读法并非上策。

首先，如上文所述，成人不仅仅通过识别模式来阅读。即使是流利的阅读者也会通过某种发声方式来阅读许多单词，而将单词分块、重新组合是非常关键的方法。这说明忽视自然拼读法是有风险的。

从实验数据中我们可以看出，全语言阅读法并不成功。斯坦福大学的一个研究小组做了一个构思巧妙的实验，他们编造了一篇文本，然后让大学生学习。文本的发音与英语的发音一致，但字母并不相同。研究人员鼓励一些大学生通过自然拼读法学习（总体来说就是找出哪个弯弯曲曲的符号对应哪个音），鼓励另一些大学生使用全词法（也就是记住哪些符号对应哪个单词）。使用全词法的学生最初表现较好，但随着单词量的增多，他们逐渐跟不上了。在单词数量较多且单词较短的情况下，自然拼读法更有用。大量研究表明，基于自然拼读法的阅读教学比全语言阅读法更成功。有些人甚至认为，在20世纪80年代和90年代，加利福尼亚州的学生考试成绩之所以急剧下降，就是因为该州采用了全语言教学法，尽管这一点还存在争议。

最后，自然拼读法又受到了青睐，你孩子的学校大概率教授的是自然拼读法。（让你自己选的话，你也应该会选自然拼读法。）如果你发现孩子的学校教的是全语言阅读法，你应该会有很多疑问。

也有一些人推崇所谓的"均衡读写法"（balanced literacy），即将基本的自然拼读法与更有趣的故事相结合。也就是说，以自然拼读法为主要的学习工具，同时汲取全语言阅读法的有趣之处——孩子很快就能读完像鲍勃阅读系列这样的启蒙书籍，转而阅读趣味性更强的读物。

那么，这一切何时才能发生？孩子什么时候才能学会阅读？

我在《一个经济学家的育儿指南》中谈到了一些关于低龄阅读的问题。市面上肯定有一些产品会告诉你，婴儿也能学会阅读。但这是不可能的！科学已经证明了这一点。不要尝试教婴儿阅读，那只会让你感到失望和沮丧，婴儿并不喜欢阅读，而你只是在做无用功。

学步期儿童和学龄前儿童也（在大多数情况下）不能流畅地阅读。两三岁的孩子最开始只会掌握一些简单的识别模式——认识他们的名字、麦当劳拱形的"M"或是某个特定的标志。能做到这样已经很棒了！肯定并鼓励孩子同样很棒！但这并不是阅读。有些低龄的孩子确实能流利地阅读，但这样的孩子是凤毛麟角。对于三四岁的孩子，你也许可以教他们做简单的自然拼读，而4岁的孩子已能够理解字母的概念。如果他们有正在学习阅读的哥哥或姐姐的话，就更是如此。（需要注意的是，人们往往很重视学习字母的名称，但对阅读来说，字母的名称实际上远不如字母的发音重要。）

数据告诉我们，大多数孩子是在小学一年级到三年级之间学会阅读的——能把字母拼成单词，并能比较流利地阅读。

下图以儿童从早期开始的跟踪研究数据为基础，显示了儿童阅读技能的发展过程，该研究追踪的是在1998年上幼儿园的一组儿童。研究人员评估了这组儿童在幼儿园阶段、一年级、三年级、五年级和八年级的阅读技能。在每个阶段，研究人员都会给每个儿童打分，分数表明每种阅读技能的熟练程度。这些技能从识别字母开始，一直到理解复杂的非虚构文本。

我重点关注的是儿童进入学校的早期阶段，即孩子从幼儿园到三年级结束这段时期阅读能力的发展状况。孩子们在秋天入园，这时大多数孩子（约70%）能够识别字母，但只有一小部分孩子（约30%）能识别单词开头的发音。几乎没有孩子认得视觉词[1]，也没有孩子能通过上下文理解单词的意思（这是阅读技能发展的一个里程碑，接近于阅读简单的文本）。

在小学一年级开始时，孩子们识别字母的能力和单词的首音识别能力都有进步，但能识别视觉词或是阅读文本的孩子仍然是少数。在接下来的一年，孩子的阅读技能显著提高，80%的孩子能够识别视觉词，大约一半的孩子能够联系上下文阅读。

到小学三年级末，几乎所有学生都能流利地阅读，尽管能深入理解文本的学生仅占25%。从数据来看，大多数学生要到晚些时候才能深入理解文本，他们的技能从五年级末开始发展，在八年级趋于成熟。

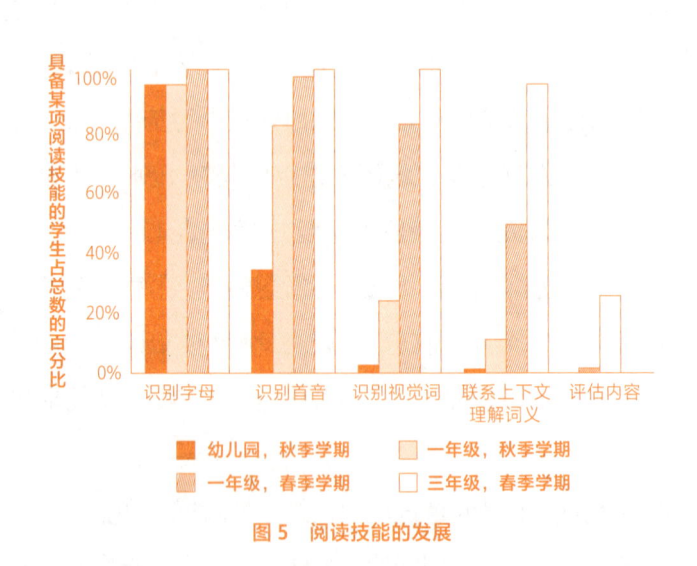

图5 阅读技能的发展

---

1. 即常见的英文单词，特别是在儿童读物中出现频率很高的单词，在幼儿的英文教材和读物中，视觉词大约占总词数的75%。——译者注

需要注意的是，不同的语言存在一定的差异。英语比西班牙语或意大利语这样的语言更难读，因为西班牙语或意大利语中的字母都发字母音，而英语中很多单词的拼写不遵循常规。所以，说西班牙语和意大利语的人学会阅读的速度更快。另外，使用文字而不是字母的语言（比如一些东亚国家的语言）要难得多——学习这一类语言需要更多地使用全语言阅读法，也需要更长时间的学习才能流利地阅读。

根据上图中的数据，我们可以看到，到了小学三年级，几乎所有的孩子都能比较流利地阅读，而且有相当一部分孩子能更好地理解阅读材料，从"学习如何阅读"开始向"通过阅读来学习"转换。下面问题来了：你能让孩子喜欢上阅读吗？

● 数据能告诉我们什么：关于如何让孩子爱上阅读

关于如何让孩子喜欢上阅读的话题，著述非常多。在亚马逊上浏览一番，你就会发现有很多这方面的长篇著述：《如何让孩子爱上阅读》《孩子抗拒阅读：给家长支招》《如何让迷恋电子产品的孩子从阅读中找到乐趣》等等。在很大程度上，这些书籍关注的是这样一类孩子，作者们称之为"不情愿的读者"，总体来说，这些孩子并不觉得阅读是种享受。

任何年龄段的孩子都可能成为不情愿的读者，但值得注意的是，随着孩子年龄的增长，他从阅读中获得的乐趣会减少。这并不奇怪，因为他们花在家庭作业与各类活动上的时间变多了，接触电子产品的机会也变多了，阅读确实可能会退居其次。

专门讨论这个问题的书籍传递了两项重要的信息。首先，如果你想鼓励孩子从阅读中找到乐趣，那你应该给孩子安排明确的阅读时间，这很有帮助。比如，你可以说："我们会在周末下午抽出 45 分钟时间，跟孩子一起阅读。"一般来说，阅读时间应该"自由"地阅读，我们可以读任何自己想读的东西：商品目录、儿童读物、严肃文学等等。读书不是惩罚，而是消遣。这和全家人晚上一起看电影一样，只不过把电影换成了书。

可以自由读书的时段有很多——睡前、周末的闲暇、早起的清晨。我的两个孩子利用吃早饭的时间读了很多书（我们家的规矩是早餐和午餐时间可以阅读，但晚餐时不可以）。不过我还是建议你从全局考虑。睡前阅读会挤占做其他事情的时间——与家人相处的时间、课外活动时间、睡眠时间、全家共进晚餐的时间。而且，有的家长也许觉得让孩子爱上阅读超级重要，有的家长却觉得没那么重要。要慎重考虑！

这些书籍传递的第二项关键（也许是显而易见的）信息是，如果孩子善于阅读，并且能理解阅读的内容，孩子就会更喜欢阅读。与此密切相关的是，了解阅读内容的背景知识对理解内容极为重要。1989 年发表在学术期刊《教育心理学》上的一项很棒的研究证明了这一点。论文作者在德国选取了一组小学生，测试他们对一个与足球相关的故事的理解能力。作者提供了有声读物和文本两种形式的故事，所以这项研究实际上测试的不是学生的书面阅读能力，而是言语理解能力。在测试前，作者以两种方式对儿童进行了分类。首先,他们用通用的言语智商测试将孩子们的言语能力分为高或低,而言语能力包括一般理解力和词汇量。他们还通过选择题形式的测验来评估学生的足球知识,把学生分为足球专家或足球生手。

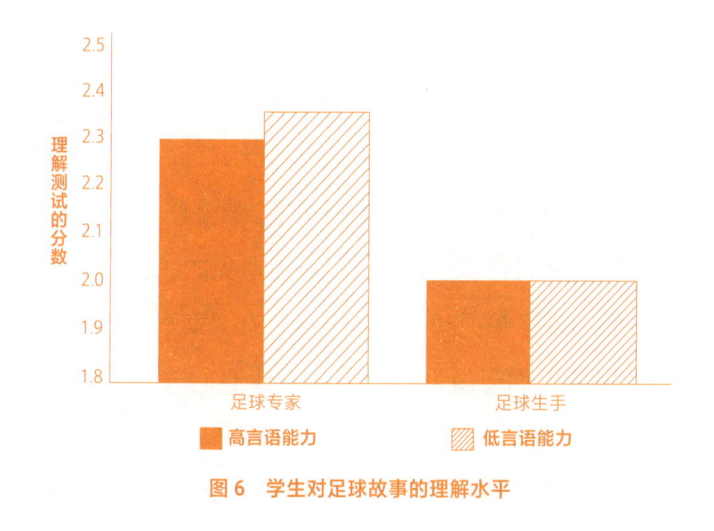

图 6 学生对足球故事的理解水平

论文作者发现(请参照上图的结果),那些被评估为足球专家的孩子对故事的理解水平(用多种方法来衡量)比那些被评估为足球生手的孩子要高得多,而且这一因素的影响超过了一般言语能力的影响。总体来说,与言语能力强但对足球了解甚少的孩子相比,言语能力低但对足球了解多的孩子从故事中获取的信息要多得多。

了解背景知识对阅读理解非常重要。推而广之,如果想让孩子享受阅读,让他们了解背景知识同样重要。如果孩子对北极熊没兴趣,也不了解北极熊,那他大概率不会喜欢读包含了很多关于北极熊的知识的论文。

而且,每个孩子的兴趣也有所不同。各种研究表明,让孩子自主选择阅读材料能提高他们对阅读的兴趣。有大量(大部分是学校推行的)干预措施旨在鼓励孩子们阅读,具体方法会有区别,但它们都有一个共同的特点:让孩子们自主选择想读的书,然后鼓励孩子们谈论这些书(这样孩子能了解更多的内容,也能更深入地参与)。

给孩子留下选择的空间真的很重要。是的,孩子很可能得读一些学校要求的必读书目,这是不可避免的,也许对他们也有好处。但如果你想把阅读当作消遣,有"家庭阅读时间"或睡前阅读习惯,你得做好心理准备,让他们选择他们想读的书。也许你小时候很喜欢看《时间的折皱》,但如果孩子更想读《异世界童话之旅》,那你不应该强迫孩子遵循你的喜好。

有些时候,孩子可能会选择难度低于其阅读水平的书。这也没关系。消遣性阅读并不是要把孩子的阅读水平推到极限。你自己闲来翻书时多半也不会翻詹姆斯·乔伊斯的书吧。

最后,也不要拘泥于书的类型。越来越多的人已经认识到图像小说的价值,无论对喜欢看书的人还是不情愿的读者,它都很有吸引力。2019年秋,出色的漫画家蕾娜·塔吉迈尔所著的图像小说《勇气》连续数周盘踞美国畅销书排行榜首位。没错,这本书里有很多插图,但阅读图像小说也是在读书啊。同理,看《小屁孩日记》《神探狗狗》和《内裤超人》这样的中章书也是阅读。

但无论怎么做，就算我们给孩子专门留出了阅读时间，也让孩子自己选书，仍然会有一些孩子没有另一些喜爱读书。大人也是如此。在育儿的过程中，我们经常需要退后一步，告诉自己每个孩子都是独特的，有些事情是我们无法控制的，而阅读也是如此。这是来之不易的教训。

● 数据能告诉我们什么：关于电子产品

几百年来，阅读的基本机制并没有改变，但在过去的几十年里，阅读技术却发生了实质性的变化。科技的发展催生出可以教授阅读或者能帮助有困难的阅读者的计算机辅导程序和应用软件。这些程序和软件的作用如何？下面我们来看看相关证据。

在一些小规模的研究中，研究人员用 iPad 中的应用软件教低龄儿童学习拼读。其中一项研究很有代表性，科学家们先是随机抽取了 48 名 2～5 岁的儿童，然后用 iPad 中的应用软件教他们学习单词，每周 30 分钟，持续 9 周。该研究发现，这些孩子识别字母的能力和读写能力都有所提高。所以，应用程序确实有它的优势。可能是新鲜感——如果孩子平常没有机会接触电子产品，那用电子产品上课对他来说就是一种福利（至少一开始是这样）。

科学家们也研究了电子产品上的教学软件对学龄儿童学习阅读的辅助作用，大多数证据表明，效果不明显。个别研究确实看到了效果，但整体来说，电子产品上的教学软件的影响较为负面。这可能是因为电子产品取代了真人教学，而真人教学的效果肯定更好。孩子们用电子产品学习也许比什么都不学要好，但最好的肯定是有真人指导。

电子阅读器（Kindle、Nook 等）是近些年来出现的电子产品。我说的是那种能导入电子书的设备，不是平板电脑，Kindle基本上只能看电子书。从学习阅读和鼓励孩子阅读的角度来看，与纸质书相比，电子书是好还是坏？

总的来说，电子书说不上更好，也说不上更坏。孩子们挺喜欢电子阅读器的，它们似乎并不比纸质书好多少，但也没差多少，这其实挺有道理，因为电子书和纸质书本质上没有什么不同。孩子们喜欢的——这又回到了选择的问题上——是书即刻就能传送到电子阅读器里，而且选择更多。

最后，请允许我简单提一下有声读物。我承认我非常偏爱有声书，它是我的育儿妙招。我的两个孩子晕车很严重，所以，我绝不允许他们坐车时看电视。后来我们发现，有声读物是个好东西，它完全改变了孩子们坐车的体验。我知道有些父母喜欢开车时跟孩子聊天。我真的很赞赏这种积极参与的育儿方式，但它不适合我，我喜欢和杰西说话或者自己思考。我会让两个坐在后排的孩子听有声书，他们听得不亦乐乎，也不会晕车，这个方法很适合他们。

事实证明，我们的孩子非常喜欢有声书，他们在放松时也会听书。但后来我开始担心：听有声书是不是太被动了？它是不是比电视好不了多少？

我很高兴地告诉你，事实并非如此。有声书能让孩子对阅读产生更多的兴趣。事实上，它还能提高孩子的阅读能力。当孩子们从鲍勃阅读系列的第一本听到神奇树屋系列时，他们会知道流利的阅读听起来应该是什么样子，而有声读物能让他们受益匪浅。

孩子们还可以听难度比他们的阅读水平高得多的有声读物，这能帮助他们保持兴趣和动力。（请注意：从内容上看，孩子也可以听略微难一些的有声书。我家的两个孩子共用一个有声读物账户，有一天，4岁的芬恩向我解释说，他正在听《波西·杰克逊》，但那其实是买给佩内洛普听的。芬恩告诉我，是佩内洛普放给他听的。"别担心，"当我向佩内洛普问起这事儿时她解释说，"我只是让他听了大战美杜莎那一章。"）

数据要点总结

- 数据支持的是基于自然拼读法的阅读教学。
- 大多数孩子上小学三年级前就已经开始阅读了，但是他们对背景知识的理解会随着时间的推移而不断加深。
- 如果阅读的是感兴趣的主题，孩子们会更有可能喜欢上阅读（这个道理大家都知道，其实不需要数据），所以有必要让孩子自主选择书籍。
- 关于新科技
  - 电子产品教学：不如真人教学
  - 电子书：与纸质书并无差别
  - 有声书：能帮助孩子理解故事

案例分析：孩子上私立学校所花费的钱值得吗？

我们怎么才能将这些研究的结果统合起来呢？我们需要把决策方法与数据结合起来。要把家庭愿景的框架与研究提供的数据放在一起考虑。第一步是明确问题。在学校这个方面大家会有很多问题，而你的问题可能只发生在你家。但就像案例研究方法一样，我们可以从别人的决定中学习，即使他们的问题与我们的不一样。

关于学校有一个很常见的问题：是否要让孩子晚点上幼儿园呢？我在本书的引言已经讨论了这个问题。现在我将讨论一个更特殊的问题：只让一个孩子上私立学校好不好。假设你有3个孩子：布兰登上的是当地一所（非常好的）公立学校，正在读七年级，在学校表现很好。他喜欢他的朋友，成绩挺理想，老师们也都喜欢他。一切都很顺利！而家里最小的是4岁的道尔顿，他每天都挺开心的，上了一所你很满意的学前班。

问题是老二肯德拉。她是个聪明的孩子，但她上二年级时简直是一场灾难。她讨厌老师，作为家长，你不免认为老师多半也不喜欢她。她的作业本里打满了红叉，因为她"忘记加句号了"。尽管你知道两位数的乘法运算根本难不倒她，但数学老师还是叫她做个位数的减法运算。你和学校的管理人员沟通过，但他们满不在乎地说，学校里没有什么天才课程可以帮到她。肯德拉现在很讨厌上学，而距家20分钟车程的地方有一所很好的私立学校，于是你开始琢磨，给孩子申请这所学校是个好主意吗？

● **明确问题**

首先我们要明确问题。最简单直接的问法是：孩子应该申请这所学校吗？但我觉得也许有更好的问法：这对我们家来说是否可行？我们需要了解哪些信息才能回答这个问题？

结合实际情况，我们可以从以下几个方面考虑这个选择的可行性。

钱和公平性：私立学校可能很昂贵。你得仔细考虑预算。支付私立学校的费用是否意味着你们得放弃一些东西？如果答案是肯定的，你们需要放弃什么？在这个例子中，钱的问题被包裹在"公平性"里了。如果布兰登和道尔顿也想上私立学校怎么办？你有能力支付三份私立学校的费用吗？如果没有，你会因为没有一视同仁地对待孩子而内疚吗？

接送的安排：孩子上学的统筹安排工作总是很复杂，而多一所学校并不会让它变得更简单。在这个例子中，肯德拉原来上的是一所在附近的学校，步行就能到，如果换到一所需要开车接送的学校，那谁来接送？有没有公交车？要乘公交车上学的话，孩子是不是早上5点半就得起床？

这些细节都要考虑，不要想当然地以为你们一定能克服这些问题。很多家庭都会为谁接送孩子发生争执，因为谁都不想因为在早高峰时送孩子而迟到。

斟酌完可行性之后，下面要思考的是解决问题的方法。你对肯德拉现在就读的学校是不是总体还算满意，只是讨厌这一个老师而已？你要知道，私立学校也有糟糕的老师。即使你们有足够的财力和人力，这也是一个大动作、一次大变化——你真的认为这能改善目前的情况吗？

● 收集信息

如果你确实想把肯德拉送到私立学校，下一步就要收集信息。

最重要的信息是如何比较这两所学校。你怎么知道私立学校"更好"，无论是从总体来看，还是对你的孩子而言？

本章的数据在这里可以提供一点帮助。我们知道，考试分数是衡量学校质量的标准，它以结果为导向，一般来说，小班化教学、有经验的教师和频繁的教师反馈都很重要。

是时候对考试成绩做一些尽职调查了——既要调查肯德拉现在就读的公立学校，也要调查你有意向的私立学校。打听一下，学校一个班有多少学生。了解学校管理层如何处理教师反馈的信息。问问其他家长，教师的教育背景和教学经验如何。你也可以考察一下家庭作业的情况。如果你对目前学校布置家庭作业的方式不太满意——太多无用功，以至于孩子没有思考的时间，了解一下私立学校的作业情况。私立学校更符合你的期望吗？

你还需要了解一些数据之外的信息，最重要的是孩子是否会喜欢那所私立学校。肯德拉已经 8 岁了，你可以带她参观学校，至少让她感受一下。如果孩子在学校参观了一天之后就不肯走了，因为她太喜欢那里，这多半能说明些什么。但也不能单凭这一点就做决定——我家俩孩子到了游戏餐厅也会赖着不肯走，但这并不意味着他们应该在那儿待更久，你要理性考虑。

你对学校的感觉如何也很重要。有一位同事跟我说，她丈夫从小就讨厌学校，关于育儿，他的主要目标就是让孩子们喜欢上学校。他更关心的是孩子是否喜欢学校，而不是学校能不能最大程度地挖掘孩子的潜力，让孩子考出好成绩。关于这一点，我没法具体展开，因为每个人的想法不同。但你要清楚你对学校的态度，这样你才能把它纳入讨论，而不是只凭直觉做决定。

● **最终决定**

你们有必要开一次家庭会议。家庭成员参与讨论后才能做出决定。那么，肯德拉要不要参加家庭会议？有很多事你可能不想让孩子知道，比如如何统筹安排、上私立学校的花费之类。然而，这个过程的部分价值就是能帮助你先想好有哪些问题。你一定觉得这个计划是可行的，否则你也不会走到这一步。事实上，你可能都不会走到上一步。现在你们要决定的是：鉴于你对学校的了解以及肯德拉的感受，要不要让她转去私立学校。至少，你应该尊重她的意见。

● **后续评估**

如何做后续评估取决于你的决定。如果不让肯德拉转学，那之后家长有必要重新讨论这个问题，比如说等到第二年。孩子在这一年遇到了一个糟糕的老师,这或许是偶发事件,但如果连续几年都碰上糟糕的老师,就进一步说明这所学校不是明智之选。你也可能打算到过渡阶段再重新考虑这个问题,比如说等到孩子从小学升上初中的时候。

如果你让孩子转学了,我认为重新审视这个决定还是很有意义。你可以回头看看——也许你的决定最终成为一次失败的尝试:私立学校很昂贵,统筹安排工作也很复杂,如果你在所有人都觉得不可行的情况下还执意把孩子送到私立学校,那我只能表示遗憾。

第九章

兴趣班真的有用吗？

一天下午，我一边等着开会，一边与同事聊天，当时佩内洛普 8 岁，芬恩 4 岁。我和同事一直在聊孩子的事，他的大儿子只比芬恩大一点，然后我们聊到了孩子上兴趣班的事。可聊着聊着我就后悔了。

我才知道，人家的孩子不仅报了舞蹈课、钢琴课、小提琴课、网球课、国际象棋课、声乐课和数学强化班，甚至可能还报了其他课。我听得心里发慌，只能不去想这事儿。

我一向认为自己是一个自信笃定的家长，我会深思熟虑后再做出选择，而且对自己的选择颇为满意。但在那一刻，我感到我被人远远地、狠狠地甩在身后了。是的，佩内洛普和芬恩在学小提琴，芬恩周日还会去踢球。可跟同事家孩子排得满满当当的日程表相比，这根本不算什么。万一他俩在哪方面特别有天赋，却被我耽误了怎么办？如果芬恩明明有可能成为一位了不起的舞蹈家，我却连尝试的机会都没给他，又该怎么办？

怎么才能挤出时间让孩子上那么多兴趣班呢？

幸而这时会议开始了，不然我说不定会慌里慌张地跑出去，把我们家的日程表仔细研究一番，看看还能不能再给孩子塞一些兴趣班。

你肯定也有过这样的经历。在这个讲求"现代化育儿"的时代，给孩子报兴趣班就像一场军备竞赛。不仅要比拼兴趣班的数量，还要比拼兴趣班的强度：有些上小学二年级的孩子每天要练3个钟头的体操；有的孩子在旅行途中却不忘练曲棍球；有的孩子为了练习单簧管而加入了三个管乐团；有的孩子不仅要学国际象棋，还要参加国际象棋锦标赛。看看社交媒体上晒出的照片吧：朋友家的孩子才5岁，却已经捧到了国际象棋锦标赛的奖杯，再看看你——还在跟孩子玩"看谁先洗完内裤"的桌游，这让你有种深深的挫败感。桌游玩得再好，也没桌游锦标赛可参加啊！而且你还把规则说明给搞丢了，你甚至都不知道你们的玩法对不对。

但兴趣班的强度太大也会让孩子不堪重负。就在我写这一章的时候，有人在社交媒体上给我发了一段话："我和儿子在健身房，听到旁边有一家人正在谈论他们的生活负担多重，孩子们成天都在做他们不想做的事，要是有什么办法就好了。"

当然，也不是没办法。放弃就行。但与此同时你会想，如果真的放弃了，孩子会不会因此错失学习重要谋生技能、取得重大成就的机会？会不会错失被更好的大学录取的机会？将来会不会没有保障？如果你只是因为孩子讨厌弹钢琴就让他们放弃,那你是否让他们觉得不喜欢就可以半途而废?这似乎传达了错误的信息。

呼吸。呼吸。深呼吸。

我们应该仔细考虑这个问题,参考一些成熟的结论。千万别因为孩子比别人落后就感到恐慌,然后给孩子报更多的兴趣班,也不能因为无法忍受孩子在练习时发牢骚就轻易放弃。你需要退一步思考,想想看,从家庭的统筹安排工作来看,哪些是可行的,为什么你会做出这样的选择。

本章重点关注的是文献,因为这能帮助我们弄清楚上不同兴趣班的好处(或成本)。不过,我认为我们最好还是先确定讨论的范畴和方式。在思考有关兴趣班的情况时,我联系了一些家长,询问他们如何看待兴趣班。通过与这些家长的交流,我发现这并不是一个很好的问题。家长给孩子报兴趣班有很多原因,值不值得只是其中一方面的考虑。

第一,很多人告诉我,兴趣班的意义是让孩子有个地方可去。孩子放学后总要做点什么,那不如给孩子报一个兴趣班,比如国际象棋班、壁球班、足球班、舞蹈班。这么做不仅不会给家庭的统筹安排工作带来额外的负担,还能缓解压力。

第二,几乎所有与我沟通过的家长都给孩子报了游泳课,理由是"这样他们就不会溺水了"。

我想把这些先放在一边,重点关注另一种情况——家长给孩子报兴趣班不是为了托管,也不是为了防止孩子溺水,而是更接近"投资"时的复杂情况。对大多数父母来说,随着孩子的成长,这种情况更常出现。4岁的孩子一周踢一次足球就行,可到10岁时,训练频率一下增加到一周3次,周末还要全天参加比赛。5岁的孩子只要每天拉5分钟小提琴,一周练几天就行,可如果他们能坚持到初中,那每个星期不仅会有两次合奏排练,在正常情况下,每天还有45分钟的音阶练习。

我的印象是,这些变化是在近30年之内发生的。我记得在我小时候,以及后来大一些的时候,我也参加了不少活动,但几乎都没正儿八经地学。但现在呢?不知不觉中,兴趣班的要求越来越高,达到了半专业的水平。我的好友希拉里·弗里德曼因此还写了一本引人入胜的书叫《一激到底:在竞争环境中抚养孩子》,从社会学的角度分析了这些变化。可以肯定地说,与以前的孩子相比,现在的孩子不容易喜欢上什么了。

无论我们喜欢与否,如今的许多兴趣班都要投入大量的时间和精力。鉴于此,仔细思考兴趣班的利弊是有必要的。

兴趣班会干扰你为家庭设想的家庭愿景,这是它最显而易见的弊端。如果你的家庭计划是一家人要经常一起吃饭,那孩子参加其他活动的时间就不可能那么自由。如果你的家庭愿景还包括周末有一天要和全家人一起度过,这也会限制孩子参加其他活动。

如果孩子说他想参加兴趣班,或者你因为落后于其他家长而感到焦虑时,你可能想暂时忽略你的家庭愿景。但你不能让步!你如此设计家庭愿景一定有你的原因。如果一家公司察觉到一点风吹草动就改变它的使命,那它很可能会失败。我并不是说你永远不需要改变家庭愿景,因为孩子一直在成长,你要适应孩子不断变化的需求,但那应该是深思熟虑之后的决定,而不应该一时冲动、临时起意。

如果你的家庭愿景可以兼顾兴趣班,你也要多想想:你报班的理由是什么?为了了解家长们为什么选择兴趣班,我做了一些调查,发现兴趣班有以下好处:

- 有利于身心健康:给孩子报运动类兴趣班是为了锻炼身体,报国际象棋是为了培养空间推理能力,报艺术类兴趣班是为了培养孩子的创造力,等等。
- 有助于培养社会性:团队合作能塑造品格,帮助孩子适应新环境,以及锻炼沟通能力。
- 有助于申请大学:这方面的好处不言而喻。

不过家长们也有一些疑惑,他们觉得自己的理由也许并没有令人信服的证据。他们也担心自己做出的取舍可能并不值得。比如说,运动可以锻炼身体,可万一运动中的撞击让孩子患上脑震荡怎么办?

这些担忧可以用数据来评估。关于这些担忧,至少我们可以找到一些数据作为参考。

对了,很多家长还提到了这样一种情况:孩子们喜欢上兴趣班。这是给孩子报班的好理由！这个理由并不是决定性的——也许孩子喜欢某个兴趣班，可你们安排不过来，或者孩子对某项活动不是那么有兴趣，但你需要鼓励他们坚持下去。但孩子是否喜欢无疑非常重要。

我认为，家长为了实现自己未竟的梦想而让孩子去学某样东西是很不可取的。迫使孩子去做我们当时没机会做的事，让孩子替我们实现梦想——这不公平。不过，说起来容易，做起来难。我其实一直很希望自己会拉小提琴，但我从来没努力做到这一点，一年学下来，我的水平仍然惨不忍睹。有时我确实担心自己把孩子逼得太紧，因为我希望自己会拉小提琴。我拼命忍住不这么做，但天知道我到底有没有做到这一点。顺便唠叨一句，父母可不能"玻璃心"啊！

下面我们就来深入了解一下数据，看看兴趣班对孩子到底有什么好处。与上一章一样，我们先看关键数据，然后再把这些科学研究的结论应用到实践中。

兴趣班对孩子的身体和成绩有哪些帮助？

在问及家长如何给孩子选择兴趣班时，一种很常见的回答是："让孩子运动是为了强身健体，让他们学音乐是因为它对大脑有好处。"但运动对强身健体究竟能起到多少作用？音乐真的对大脑有好处吗？谈到大脑时，我们得停下来想一想，第一个强身健体的目标是否会妨碍第二个目标的实现。因为运动也许对身体有好处,但运动中的撞击可能引起脑震荡,这是否意味着我们得放弃第二个目标呢?

● 数据能告诉我们什么:关于身体

运动对孩子的身体健康会产生怎样的影响?这方面的研究有很多。大多数研究集中在三个问题上,我认为对父母而言,这三个问题也是关键:参加运动类兴趣班能预防肥胖症吗?能让孩子得到更多锻炼吗?能帮助孩子养成终身锻炼的习惯吗?

大多数讨论关注的都是运动类兴趣班对孩子身体的影响,很少有父母认为音乐类兴趣班或者国际象棋这样的活动对孩子的健康有益。我在旅行途中倒是读到了这样一篇论文,根据论文作者的观察,国际象棋大师在参加国际象棋比赛的过程中体重会大幅减少,但仔细探究的话,这似乎更多是因为比赛非常紧张,导致食欲不振,而不是因为下棋能消耗热量。可以肯定地说,让孩子学国际象棋是个好主意,但它并不能强身健体。

我们先从肥胖症开始说起。在美国(以及世界其他国家和地区),儿童的肥胖问题日益严重。据美国疾病预防控制中心估计,大约 18.5% 的 6 ~ 11 岁美国儿童体重超重(他们的身体质量指数超过生长曲线表 95 个百分位)。那么,参加运动类兴趣班能改变这种状况吗?

在讨论相关数据之前,我要先说明一点:基本的生物学事实告诉我们,这并不会产生太大的影响。特别是,与改变饮食结构相比，运动实际上并不能消耗那么多热量。一个体重60磅（约27千克）的孩子踢一场强度非常大、竞争非常激烈的足球比赛会消耗约280卡路里的热量。打一个小时的棒球消耗的热量最多只有这个数字的一半。然而，只要喝一瓶碳酸饮料，吃一袋薯片或一份甜点，这些热量就回来了（成年人也是如此。但这并不是说运动对身体没好处，只是运动与体重之间的关系非常复杂）。

所以，如果有研究证明运动与体重之间存在强因果关系，我们一定会觉得很惊讶，事实上，到目前为止都不存在这样的研究。

当然，如果我告诉你，运动与肥胖之间存在相关关系，你也许丝毫不会感到惊讶。有一项研究以6 000名住在市中心贫民区的孩子为研究对象，他们有的参加体育运动，有的不参加。研究发现，那些参加体育运动的女孩出现超重或肥胖问题的概率更小，而男孩们的结果要复杂一些。但通过深入的研究，我们可以找到明显的证据。参加啦啦队的女孩不太可能超重。玩橄榄球的男孩更容易超重。总体情况表明，选择不同的运动会产生不同的影响，但这可能不是运动本身带来的影响。

这项研究的结论非常有代表性——从数据来看，运动与体重之间的关系比较复杂。另一项研究指出，运动的孩子吃得更多——不仅吃更多健康食品，也吃更多垃圾食品。同样，就算运动能消耗热量，饮食的微小变化也能把消耗的热量补回来，哪怕从事体能消耗很大的运动。

运动与肥胖之间的相关性非常复杂，我们很难从中得到启示。我们甚至都无法判断,这两者之间的相关性是被高估还是低估了。我们担心的是,对于像运动这样"有益的"行为,如果只是将参与某种运动的人与不参与的人作比较,恐怕会高估它的好处。但情况并不是那么简单——比如,身材高大的孩子选择橄榄球的可能性更高,而说到橄榄球这项运动,运动员块头的大小当然很重要。所以,我们实际上可能低估了运动的减肥效果。

一些科学家以学校推行的干预措施为基础,研究了运动的短期影响,其中有一项规模较大的研究是在瑞士的一所学校开展的。总体来说,这些研究表明,运动能小幅改善学生的体脂率和总体健康水平,但在干预停止后,这些积极的影响并没有持续。短期干预与运动带来的长期变化不是一回事。

2013年,三位经济学家在学术期刊《健康经济学》上发表了一篇论文,他们以美国各州体育课基本课时的差异为基础来探讨运动的长期影响。他们认为,各州体育课的课时是随机决定的,如果某所学校每周体育课课时较多,那么孩子们运动的时间就更久。在学生待在学校的时间里,体育课的课时会对他们产生影响,所以从基本课时的差异,我们能看出运动带来的长期影响。

作者发现,如果体育课较多,男孩的肥胖率会较低,其影响是中等水平的。每周增加1个小时的体育课能让肥胖率降低约5个百分点(影响很大),但他们只在小学五年级学生(年龄最大的一组被试)身上看到了这样的影响。这也许是因为年龄较大的孩子整体肥胖率较高,所以效果明显;也可能是因为小学五年级的学生上体育课的年数更多。但研究人员在女孩身上没有看到太大的影响,无论在什么年龄段。总之,更多的运动可能对体重有影响,但影响非常小。

相比之下,体育课对运动表现的影响似乎要大得多。我们可以从瑞士的一项长期跟踪研究中看到这一点,该研究考察了体育课课时增加后学生的情况。研究人员在几年后又收集了这些学生的数据,结果发现,体脂率降低的效果并不持久,但采取了干预措施的学校的孩子们更擅长有氧运动(研究人员让孩子们跑步——这些学校的孩子跑得更快!)。

关于青少年运动,不包括学校的体育课,而是在学校之外的运动,综述论文的结论与这些研究结果相呼应。参与运动对青少年的运动水平有明显的影响,但对预防肥胖症的效果不太明显。归根结底,从对体重的影响来看,饮食比运动要重要得多。

瑞士的这项研究以及类似研究的证据表明,运动带来的健康收益可能会持续一段时间,至少有几年,但长期影响又如何呢?毕竟家长们希望孩子参加运动的一个原因就是鼓励孩子养成终身锻炼的好习惯。

要获得真正可信、有说服力的证据,研究人员需要让孩子随机参与不同水平的运动,并进行长期跟踪研究。比如,在上文提到的2013年的那项研究中,因为各州学校体育课的课时不同,孩子们的运动量就存在差异,我们可以长期跟踪这些孩子。但遗憾的是，我并没有找到类似的数据。

确实有一些科学家——主要是北欧国家的科学家们，研究了个体在青少年时的运动水平与成年初期的运动水平之间的关系。挪威的一项研究非常有代表性，该研究对 13～23 岁的被试开展了多次调查。在每次调查中，研究人员都会询问研究对象的体能情况和参加运动类俱乐部（兴趣班）的情况。研究人员发现，在这 10 年的时间里，参加运动类俱乐部（兴趣班）的积极影响显然是持久的。在青少年时期运动得多的人，成年后更有可能参加运动。

同样具有代表性的文献告诉我们，这对男孩的影响似乎比女孩更显著，而且对那些在较小年龄就参加有组织的运动的儿童来说，影响更大。

类似的研究非常多，在认真阅读并反思了这些论文后，我认为这些研究的数据充其量只显示了某种指向性。小时候参加运动的孩子长大后也喜欢运动，这可能有很多原因。比如说，我弟弟 5 岁就开始参加 5 公里的长跑比赛，长大后他只用 2 小时 37 分就能跑完马拉松全程，而且还参加过 100 公里的长跑比赛。但这也许只能说明他这个人很疯狂，并不一定是因为他小时候参加了跑步比赛。

你也许会觉得沮丧，因为这些研究过多地关注体重，对有氧耐力[1]的关注较少。一方面，众所周知，根据身体质量指数和

---

1. 指长时间进行有氧供能的工作能力，是人体主要器官活力水平和系统机能的综合体现。——译者注

其他衡量肥胖的标准并不能准确无误地判断一个人是否健康。至少对一些人来说,想让孩子拥有健康的体魄和生活方式,就应该鼓励孩子多运动,但他们不太在意孩子的体重。

除此之外,和我沟通的家长,特别是发育迟缓的孩子的家长,告诉我舞蹈和体操之类的运动非常重要,因为它们能提高孩子的平衡能力和肢体协调能力,促进大运动技能的发展。从物理疗法的角度看,这可能有帮助,但没有直接证据。(我确实找到了一些有关舞蹈治疗的文献,但其研究方法并不令人信服,我认为不值得一提;可以肯定地说,这不是什么灵丹妙药。)

就像本书讨论的大多数问题一样,数据在某些方面能提供帮助,但不能解决所有的疑问。

关于运动伤害的证据我找到了一些。我将在关于大脑的部分详细介绍脑震荡的相关信息,孩子们的确可能在运动中受伤。据估计,每年约有 260 万起因运动受伤而被送进急诊室的案例,约 1/3 的孩子会在小学、初中或高中阶段因运动受伤。你不可能全方位地保护孩子,孩子运动时也难免会扭到脚踝。更令人担忧的是过度使用身体带来的伤害——与成人相比,这些情况在孩子身上更常发生,因为孩子还在成长,更容易出现前交叉韧带撕裂、棒球肘与应力性骨折等问题。但愿那些从事高强度运动的孩子都能得到教练的呵护和照顾。

但孩子的身体能承受的运动强度是有限的。在研究这个问题时,我读到了《儿童是否应该跑超级马拉松》这篇论文。超级马拉松通常有 50 英里，甚至 100 英里，而且部分赛程位于沙漠中或高海拔地区。

如果简短地概括一下这篇论文的结论，那就是"大概不行"。

● **数据能告诉我们什么：关于成绩**

"音乐课会让你变得更聪明。会弹奏乐器的孩子更有优势。"我敢说，你肯定听人这么讲过。

我们总是很难确定这样的想法来自哪里，但谈到"音乐会让你变得更聪明"这个说法，研究莫扎特效应的学术文献功不可没。1993 年，加州大学欧文分校的三位研究人员在《自然》期刊上发表了一篇振奋人心的论文，声称找到了听古典音乐与提高智商之间存在因果关系的证据。

他们的做法很简单。他们找来 36 名大学生，让他们每人完成 3 项空间推理任务——这些任务的分数可以转换为智商测试的分数。在开始每项任务之前，学生们休息了 10 分钟，然后研究人员请他们听 10 分钟莫扎特的音乐（其实是莫扎特 D 大调钢琴奏鸣曲，如果你好奇的话），或者听 10 分钟比较轻松的通俗音乐，又或者什么都不听，研究人员会随机决定。最后，他们将听莫扎特那组学生的表现与其他两组学生的表现作比较。

结果，智商的差异之大令人惊讶。他们把完成空间推理任务的分数换算成智商分数后，数据显示，比起听通俗音乐或什么都不听，听莫扎特会让智商提高 8～9 分！听莫扎特的作用之大，使智商的差异几乎达到了一个标准差。如果只听几分钟莫扎特的音乐就能有这样的效果，请想象一下，学会演奏音乐的效果会有多么惊人。至少，有人是这么理解的。

这一发现前所未有，令人感到激动和振奋，且影响巨大，难怪能发表在《自然》这样权威的学术期刊上。但对这样的结论持谨慎态度是明智的。数据可能很有欺骗性，也可能出现错误。对这样令人诧异的结果，我们应该格外谨慎。

事实上，其他科学家又重复了该实验，但并没有得出相同的结果。1999年发表的一篇综述性论文总结了之后重复性试验的数据，指出听莫扎特的实际效果还不及原实验的1/4，因此它并不具有可靠的统计学意义，其影响仅限于完成某项特定的任务（需要动手折纸、剪纸的空间推理类任务）。此外，文献表明，提高被试完成该项任务的能力的也许并不是莫扎特的音乐，实际上，任何一种令人愉快或兴奋的音乐都能产生这种效果。

所以，你可别指望在开车送孩子上学的路上放点古典音乐就能提高孩子的考试成绩，结果多半不会如你所愿。

还有一些文献只是简单地把孩子上音乐类兴趣班与孩子在学校的表现联系起来，这一类文献的数量更多。基本的结论是，演奏乐器或上音乐类兴趣班的孩子往往在学校表现得更好。这种影响是长期的，而且，随着时间的推移，其影响会越来越明显：在小学阶段成绩相当的孩子，学会演奏乐器之后，到了高中阶段会表现得更好。

但这不是说学音乐就会让孩子表现得更好，或是一些人向我建议的那样：学习演奏古典音乐可以提高孩子的数学成绩，因为音乐和数学在大脑中是协同作用的。

随机抽样的数据会让我们对研究结论更有信心。我找到了一些这样的数据——主要来自那些开设了音乐课程的学校。有一篇综述性论文总结了五项实验的研究结果：三项实验表明音乐课程对学生的学习成绩有一定的积极影响，两项实验表明没有影响。五项研究中居然有两项证明音乐没有影响，这个比例多少让我觉得不太理想，毕竟，这方面的研究基本上都倾向于支持音乐对学业有促进作用。

另外，我们确实知道，演奏乐器会让大脑发生变化。我看到了一些有趣的关于大脑可塑性的研究，主要研究的是音乐家们的大脑。大脑的可塑性指大脑的结构和功能会受到个体经验的影响。例如，拉小提琴的人和弹钢琴的人的大脑看上去不同，也许是因为拉小提琴时双手需高度协调，而弹钢琴时双手是分开工作的。

我们可能很愿意相信这些关于大脑可塑性的研究，并认为从某一方面来看，音乐确实很重要，但事实上，我们所做的一切都会改变大脑的功能和构造。比如说，有研究表明，玩俄罗斯方块能增强大脑不同区域间的联系。需要注意的是，拉大提琴能让大脑某些部分的白质增加这样的研究结论，与拉大提琴能显著提高数学成绩并不是一回事。

最后，我认为几乎所有音乐和学习成绩之间的相关性其实是遴选的结果——具体来说，两者之间的联系应该归因于学音乐和不学音乐的孩子在家庭背景、性格或其他方面的差异，而不是音乐本身带来的影响。但这并不是说让孩子学乐器没有价值，只是我们也不能寄希望于通过音乐教育来提高孩子的考试成绩，我们应该尝试其他的方法。

大多数兴趣班也是如此。如果深入挖掘，你会发现存在各种各样的相关性，比如参加戏剧、音乐、艺术或国际象棋俱乐部的孩子可能在学校表现得比较好。但在相关研究中，我们基本找不到指向因果关系的数据。

● **脑震荡**

谈到大脑，我们就不能不看看关于脑震荡的证据。

作为出生在 20 世纪 80 年代的人，我很难相信，这些年人们对颅脑损伤的看法居然发生了那么大的改变。我小时候几乎没听过有人讨论脑震荡这个问题。（说良心话，我小时候根本不擅长运动，而且只是参加越野跑的话，也根本不可能得脑震荡。可我的兄弟是真的热衷于运动！）我记得小时候学滑雪时都没戴头盔。你肯定以为我在开玩笑。但这是真的，而且小时候学骑车时我也没戴头盔。

现在，我们在各种场合都能看到人们讨论脑震荡这个问题，而且有充分的理由。人们谈论得最多的罪魁祸首是橄榄球。橄榄球运动中有较多的冲撞，引起脑震荡是很常见的，而且过去人们总是忽视这个问题。大脑被反复撞击，患了脑震荡之后还仍然上场打球，在一次脑震荡后又发生第二次脑震荡——这些都会对大脑造成非常糟糕的伤害。对前职业橄榄球运动员进行尸体解剖的结果一致表明，橄榄球运动会造成脑部创伤，这种创伤与暴力创伤一致，而且还会影响运动员在球场之外的行为，至少某些运动员是这样。

关于这个问题的讨论大多数都是围绕着美国国家橄榄球联盟的球员展开的，但在一些圈子里，人们也会严肃地讨论青少年橄榄球赛的道德问题，一些城市和学区已经提高了参加橄榄球运动的最低年龄。但并不是每个人都同意这样做——有些人认为这些担忧被夸大了，如果家长担心孩子受伤，担心孩子发生脑震荡，参加运动的孩子就会减少，对某些人来说，这会带来很大的损失。

我们可以从一个基本的问题开始：脑震荡有什么大不了的？它真的值得担心吗？

从多方面来看，答案是肯定的。有各种证据表明，脑震荡——尤其是反复的脑震荡——会对健康产生长期的负面影响，包括产生认知和精神方面的问题。但这并不是说每次脑震荡都会导致严重的后果。脑震荡对许多人——绝大多数人——都不会产生能检测到的长期后果。而且，科学家也很难弄清楚，为什么在经历同样程度的脑震荡之后，有的人情况更糟，有的人则好一些，我们对此还不是特别了解。如果你曾经历过脑震荡，那你应该明白这句话是什么意思：即使是最好的医生也很难预测你的脑震荡会导致什么样的后果。

关于脑震荡，我们能找到一些颇为可信的证据（其中大部分来自橄榄球运动员）：反复的脑震荡会对大脑造成可通过医学手段检测到的创伤。甚至非职业性橄榄球运动员的大脑也会发生变化。似乎有一些变化与运动员参与橄榄球运动的时间有关——年纪较小时就加入的橄榄球运动员比年龄较大才开始参与的运动员问题更多，这可能是因为参与时间越久，发生脑震荡的次数就越多，也可能反映出脑震荡对年龄较小的个体的大脑影响更大。

综上所述，细致地解读了相关证据后，我认为结论如下：我们需要注意脑震荡，如果孩子真的发生了脑震荡，最重要的是合理应对——让孩子休息，等病情好转后再开始运动（记住，如果只是一次脑震荡，那我们没必要过度反应。绝大多数发生脑震荡的孩子都会彻底康复）。

既然我们承认脑震荡是一个问题，那它对青少年运动的选择会产生影响吗？我们需要避开哪些运动呢？

没错，橄榄球确实是引起脑震荡的元凶，但其他运动也会造成这样的后果。下图显示了2012～2015年不同种类的运动引起脑震荡的数据。这些数据以全美具有代表性的中学提交的伤情报告为基础。

不出所料，橄榄球运动中发生脑震荡的概率最高：平均每上场10 000次（比赛或训练等）就会发生约9次脑震荡。但足球运动——尤其是女子足球——中发生脑震荡的概率也很高。男子足球、男子摔跤和女子篮球运动中发生脑震荡的概率也

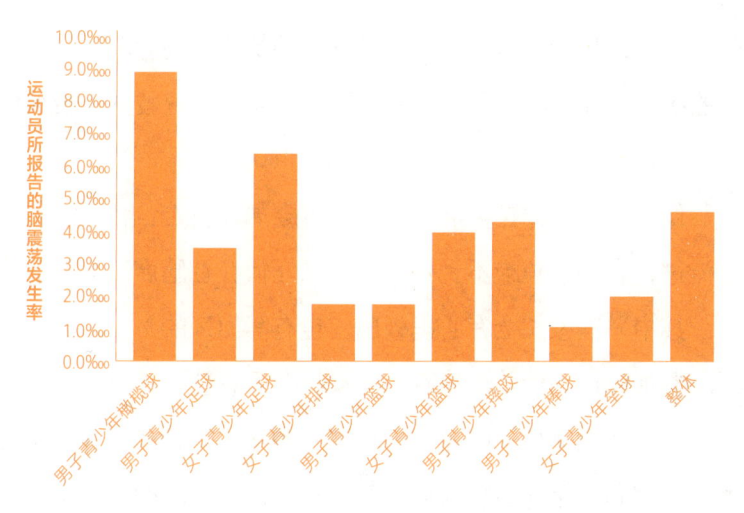

图7 几种运动的脑震荡平均发生率

不低。

  研究人员（在此透露一下，下面这篇论文是我父亲撰写的）在分析了更充足的参与运动的大学生样本之后，指出足球、橄榄球和摔跤是高风险运动。另外，他们把篮球、棍网球和冰球也列为高风险运动。低风险运动项目则包括跑步、棒球、网球，以及风险最低的游泳。

  鉴于足球主要用脚踢，在得知大部分研究的一致结论是足球也有较高的脑震荡风险时，我们会觉得很惊讶。问题似乎出在头球上：头球冲撞的力度和角度可能会引起脑震荡或类似脑震荡的情况。与橄榄球运动员一样，踢足球时间较久的成年足球运动员的大脑会发生神经退行性病变。但与橄榄球领域的研究一样，科学家们的意见也存在分歧：一些研究人员认为这些研究的结构特别偏向于找到足球运动员的神经问题。这个领域的研究仍在不断发展，但我怀疑科学家们的分歧并不会很快解决。

作为家长，你在了解这一切之后会如何决策？我跟家长们交流过，有些家长绝不允许孩子参加任何存在脑震荡风险的运动。其中一些家长会在心里列出（也有写出来的）一份孩子绝不能参加的运动清单。也有一些家长很乐意让孩子参与有风险的运动，比如让孩子踢足球，直到开始学头球，或者让孩子玩冰球，直到开始学习用身体阻截（把其他孩子阻截到墙上或冰面上）。还有一些家长并不是特别在意脑震荡的问题，他们觉得孩子踢足球、玩橄榄球或是参与其他运动都没问题，如果发生了脑震荡，只要小心应对即可。

这些立场似乎都挺合理。但是，跟其他问题一样，父母需要与孩子谈一谈。上文给出的数据可以帮助你与孩子展开讨论。比方说，你11岁的孩子从5岁起就开始踢足球，但现在你认为头球引发脑震荡的风险太大，希望她能专注于游泳、田径或者网球。根据孩子的情况，你可以把文中的证据拿给孩子看，跟孩子谈谈你的担忧，然后一起制订一个计划，而不是不解释就禁止孩子踢足球。毕竟那是孩子的大脑，你至少要给孩子发言的机会。

> **数据要点总结**
> - 青少年时期是否参加运动似乎对长期的运动水平有轻微影响,但对超重或肥胖水平没有明显影响。
> - 没有令人信服的证据表明学习音乐可以增强大脑的功能。
> - 脑震荡需要认真对待,参加某些运动(橄榄球、女子足球等)引发脑震荡的风险更大。

如何通过兴趣班塑造孩子的好性格?

佩内洛普刚上幼儿园时就跟我们说她想学小提琴。(后来我问她为什么——在她发现学小提琴其实是件苦差事的时候——她说她当时看到有个大一点的孩子拿着一个琴盒,她觉得那个琴盒看着很漂亮)。

我在育儿上向来有些急切,于是赶紧给她找了个小提琴老师。对此杰西并不完全赞同。他和我曾一起上了好几年的钢琴课,最后以失败告终。想必他跟我一样,也回忆起了以前的经历:老师听到我俩弹琴后,十分恼火地问:"你们俩这周练琴了没有?"

"佩内洛普可以试着学学看,"他跟我说,"但如果她想放弃,我们就不要强迫她继续学。"

但后来有一周,杰西碰巧和我们一起去了佩内洛普的音乐培训学校,那所学校在一座挺大的楼里(相对罗得岛州而言)[1],

---

[1] 罗得岛州是美国最小的州。——译者注

离我们家大概 10 分钟的路程。每个星期六上午，那座楼里都挤满了上课的孩子、参加合奏训练的孩子以及在管弦乐队演奏的孩子。杰西看了一眼坐在走廊里调音的三五成群的中学生，然后宣布："她肯定不会放弃的。"

他在那一刻看到的——我想——是学小提琴这项活动代表的属于一个社会团体的身份。他看到了一群同龄人，对一个孩子来说，在某一段时间里——比如说在中学时期——这些同龄人是一处避难所，因为这个年龄段的孩子常常觉得自己格格不入。他看到了一个可以帮助佩内洛普建立自信的地方，她会相信自己有能力做一些事情，也可以努力去实现一些目标，在学习成绩之外的目标。

他看到的不是通往卡内基音乐厅的道路，也不是通往更好的学业成就的道路。他看到的是一条帮助佩内洛普找到自我、找到热情、找到目标和意义的道路，一条通向幸福的道路。

我认为，在当前兴趣班趋向于"半职业化"的大背景下，家长有时会忽略这一点。但事实上，我们不应该忽视兴趣班对孩子在社会情绪发展方面的促进作用。兴趣班对焦虑、抑郁或整体幸福感也会产生影响，而且展开来看，兴趣班可能还有助于培养吃苦耐劳、团队协作的精神，就是人们认为童子军能培养的品格。

那么，兴趣班会让孩子感到快乐吗？

● **数据能告诉我们什么：关于兴趣班对社会情绪发展的好处**

这方面的证据主要来自心理学和社会学领域。

坦诚地说，经济学家传统上对其他社会科学持怀疑态度。这可能是因为我们嫉妒其他领域的科学家取得的学术成就，也可能是因为我们对他们的研究方法存在异议，反正你怎么想都行——事实是，经济学家的观点与其他领域的社会科学家的观点并不总是一致。尽管我在经济学领域表现得非常开明和包容，但对其他领域的研究难免会心存疑惑，就连我的社会学家与心理学家好友也未能幸免（嗨，希拉里和简，对不住了，我说的就是你们！）。

说到如何评估兴趣班与孩子的表现之间是否存在因果关系，人们确实有很重要的问题需要考虑。那些让孩子参加更多兴趣班的家庭往往在其他方面也与众不同——例如，父母更富有、受教育程度更高——我们很难排除这些因素的影响。不过，我们可以用一些理论来分析这个问题，这非常有帮助，具体来说有两种理论。

第一种理论被称为人类发展生态系统理论，最早提出这一理论的是一位叫布朗芬布伦纳的研究人员，他在 20 世纪 70 年代就开始构建这一理论。布朗芬布伦纳是一位心理学家，虽然他后来完成的关于兴趣班的实证研究应该划归到社会学领域。

大致来说，该理论认为儿童（个体）是由他们的环境塑造的，包括他们直接接触的"微观系统"（家庭、同龄人等）和

"宏观系统"（国家、全球政治等）。那么，要想知道儿童在某一领域是如何发展的，就需要考虑他们拥有的经验以及他们与谁一起经历了这些。根据这一理论，孩子们参与的活动会无可避免地影响他们的情绪发展。

第二种理论是关于归属感的，源于罗伊·鲍迈斯特和马克·利里在1995年发表的《归属感的需要》这篇论文。该论文指出了归属感的重要性——感觉到自己是群体的一部分很重要，会影响人的幸福感和认知过程。

把这两种理论综合起来考虑，结论如下：人们需要归属感——归属感让个体觉得幸福，状态更好——而与谁互动对个体的发展非常重要。从我们的生活经验中也能看出这一点。感觉到自己能融入群体真的很重要。我至今还清楚地记得第一次感觉到自己属于某个群体的体验。（我在一个整天做数学题的夏令营中找到了归属感，是的，不许笑。）这让我更自信，发展出更强的自我意识，彻头彻尾地改变了我。我想很多人都有共鸣（当然，让你找到归属感的也许不是成天做数学题的夏令营）。

把理论和生活经验结合起来，我们会发现这样的经验对幸福感很重要。

大量相关数据表明，兴趣班通常与良好的社会情绪能力相关。例如，来自密歇根州的数据表明，在初中阶段参与活动（体育、戏剧等）的学生到了高中阶段更少出现喝酒之类的不良行为。

2012年的一篇综述总结了2005～2010年间发表的52项研究。这些研究的结论并不一致，但总的来说，它们倾向于认为参加兴趣班的孩子会拥有更强社会适应能力，患抑郁症的概率更低，且危险行为更少。研究人员甚至深入探讨了上太多兴趣班会产生怎样的影响——"日程表过满"的孩子是否更不快乐？从大体上说，数据告诉我们，情况并非如此，即使是每周上兴趣班超过20个小时的孩子，也比不参加兴趣班的孩子表现得更好。（但这并不是说兴趣班越多越好，没有数据支持这一点——谢天谢地。）

　　当然，这些数据只能证明存在相关关系。即使我们非常坚定地认为兴趣班很重要，也很难从这些结果中看出经得起推敲的因果关系。像往常一样，我们担心参加兴趣班的孩子与不参加兴趣班的孩子在其他方面也存在差异。在这种情况下，我们还要考虑到是否可能存在"反向因果关系"——如果孩子有抑郁症或社交焦虑，他们就不太可能参加兴趣班，也就是说，心理健康问题是因，不参加兴趣班是果，而不是相反。

　　幸好有一些来自芬兰的随机抽样数据能提供一些帮助。芬兰人做了一个实验，他们在一些学校的课程中加入兴趣班，另一些学校则没有。以我们当前的生活经验来看，这并不是一个完美的实验，因为把兴趣班加入学校的课程中与上课外兴趣班带来的影响也许并不相同，而且芬兰的大环境跟我们的不一样，但我认为，我们仍然能从这项研究中得到一些启示。

　　该研究表明，"综合上学日"（该论文中使用的术语）对孩子们的社会情绪有积极的影响。从下图我们可以看到该项目对4项行为健康指标的影响：实心的柱形长条代表的是实验组学生（参加了兴趣班的学生）的分数，条纹柱形长条代表的是对照组的分数，4项指标的分数越高意味着孩子的问题越多。而由于该项目是随机的，所以在实施干预措施之前，这两组学生并无差别，但干预之后情况就不一样了。

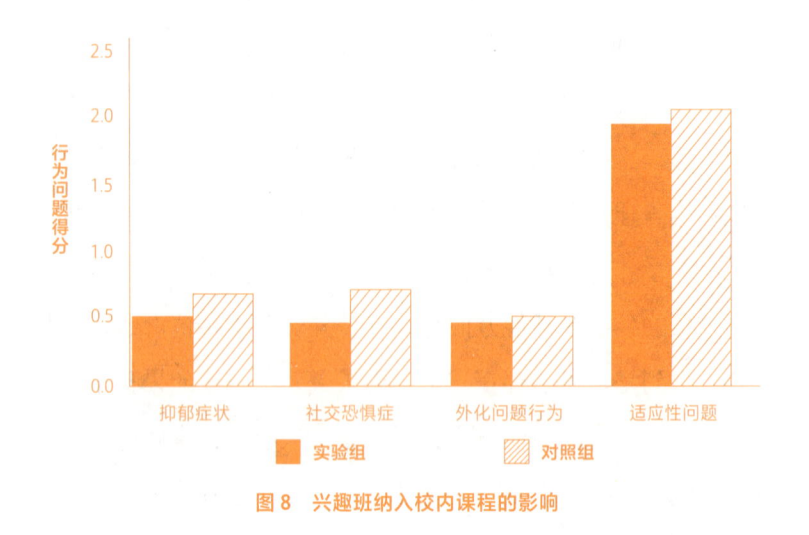

图 8 兴趣班纳入校内课程的影响

最引人注目的结果是"内化行为"，这里指抑郁症和社交恐惧症。课程中加入了兴趣班的学生在内化行为方面得分较低，也就是说，患抑郁症和社交恐惧症的概率更低。他们在适应性行为方面表现也稍好。有趣的是，他们在外化问题行为方面的得分并不理想，你可以认为他们是通过行为把情绪"表现"了出来。这个结果与其他研究结果相呼应。兴趣班——尤其是运动类——有时似乎会加重外部行为问题，至少可以说没有改善。如果你是职业竞技体育的爱好者，读到这儿你一定不会觉得吃惊。

将这项研究中来自随机样本的数据与其他多项研究结合起来看，校外兴趣班确实能促进社会情绪的发展。

下面大家自然会问，是不是有些兴趣班"更好"呢？关于这个问题，我们并没有完备的数据，部分是因为很少有研究只关注某一种兴趣班。实际上，大部分研究关注的都是运动类的兴趣班，而我们确实看到参与体育运动的孩子社会焦虑较少，适应能力更强。

只有一些零散的研究关注过其他种类的兴趣班。例如，2015年的一项研究关注的是参加童子军对性格发展的影响，研究表明，从培养某些品质的角度来看，如"乐于助人""性格开朗"，积极参与童子军的男孩比不参与的男孩取得了更多的进步。

但总的来说，兴趣班的积极作用与兴趣班的种类无关。特别是上文提到的在芬兰学校开展的研究，学校提供了各种各样的活动（团队运动、烹饪、音乐），论文作者并没有发现哪一项活动明显比其他活动更"好"。

在考虑给孩子选什么类型的兴趣班时，我们有必要先回顾一下理论，特别是同龄人影响方面的理论。我们都知道，总体而言，同龄人对孩子的影响很大，在青春期尤其如此。虽然数据无法证明兴趣班与孩子的表现之间存在因果关系，但这两者的相关关系也显示参加兴趣班的孩子往往不那么抑郁和焦虑，表现出的"反社会"行为也较少。如果孩子与同龄人一起上兴趣班，那么他们接触的就是不那么抑郁、焦虑的孩子（至少在上兴趣班期间是这样），从这方面来看，参加兴趣班是个有益的选择。

虽然兴趣班有一定的积极作用，但并不是说孩子每天都必须接受几个钟头的半专业芭蕾舞训练或排球训练，才能促进社会情绪的发展。比如在芬兰学校开展的研究表明，低干预措施也能改善学生的心理健康，实际上，该学校的学生一周只有3天会参加兴趣班活动。而且，大多数能说明相关关系的研究都以每周只参加几个小时兴趣班的孩子为研究对象。

所以，你没必要给孩子报太多兴趣班，但报一种还是值得考虑的。也许你会发现，孩子获得的快乐远比能在卡内基音乐厅演出、能参加青少年奥运会这样的成就更可贵。

> **数据要点总结**
> - 参加兴趣班确实对社会情绪的发展有一定的积极作用。这可能是因为兴趣班能让孩子感受到更强烈的归属感。
> - 上兴趣班不需要达到半专业水平，也一样能促进社会情绪的发展。

兴趣班对申请大学有帮助吗?

实话实说,这一部分内容我甚至都不太想写。首先,我不想承认孩子有一天会离家上大学这个事实。芬恩对未来的打算(截至目前)是住在家里,把我所有的烹饪书都派上用场,然后开一家餐馆。这主意真不错,不如我也入伙吧。

不过,在做与小学(甚至是初中)有关的决定时就考虑上大学的事,似乎有些不妥。孩子在7岁到18岁这十几年的时间里会经历很多事情,其中有许多事会影响他们未来的道路。在给6岁的孩子选择兴趣班时,你会考虑报哪种兴趣班对将来申请顶尖大学有利吗?对孩子来说,这是非常大的压力。所以我其实不太想在这里谈论申请大学的话题,不如专门再写一本书吧(实际上,这方面的书有很多)。

但通过和家长的交流,我发现有一些人提出,在给孩子选择兴趣班时要考虑是否对申请大学有利。家长应该这么做吗?

首先,我觉得我们有必要分析"对申请大学有利"究竟是什么意思。它可能有两重含义:第一,孩子会因为某项兴趣被大学录取;第二,参与课外活动可以帮助他们成为发展更全面、更有竞争力的申请人。

● 数据能告诉我们什么:关于体育特长生

你的孩子有可能因为在课外活动中表现得特别优异而被顶尖大学录取吗?大多数大学都会招收数量相当可观的体育生。

即使是非常注重学业成就的大学,每年也会招收惊人数量的体育生,以壮大学校的橄榄球队、网球队、游泳队、棍网球队等。而对于这些学生来说,他们能被大学录取的关键就是拥有运动特长。实际情况是,教练会决定他们想要哪些运动员,并与招生办公室合作,然后把这些学生招募进来。这部分学生中还有一些人能够获得体育奖学金,相当于减免学费。

但这样的学生非常少。比方说,美国每年大约有28万名5岁的孩子在踢青少年足球。与此同时,美国大约有500支NCAA[1]一级足球队,每支球队大概有25人,这意味着每所大学每年要招募大约8名球员。也就是说,每年约有4000名学生能参加一级足球联赛。当然,这些球员并非都是体育特长生,就算是,大约也只有1.5%的青少年足球运动员最终有机会参加一级足球联赛。而考虑到一级球队中还有一些球员并不是美国籍,实际上能参加一级足球联赛的美国学生只有不到1.5%。

如果你想让孩子通过踢足球进入常春藤盟校,这个比例就更小了。常春藤盟校的足球队每年大概会招募150名球员。

我做这番计算并不是要告诉你,你的孩子有1/2 000的机会被耶鲁或普林斯顿选进他们的校足球队。我想说明的是,入选常春藤盟校足球队的概率如此之低,不确定性也非常大——在孩子上小学时就考虑这些也许没有任何意义。

---

1. 全美大学体育协会,有1000多所美国和加拿大大学院校加入,每年会举办各种体育项目联赛。——译者注

● **数据能告诉我们什么：关于全面发展**

想让孩子全面发展，成为一个有竞争力的候选人，关键是让孩子参与课外活动——我们应如何看待这个观点呢？

这很难评估，由于一些显而易见的原因，大学的录取标准通常相当严格。显然，学业之外的兴趣爱好在申请的过程中确实能发挥一些作用，但我们很难准确地了解具体的标准。同时，录取标准也在快速变化。即使我们现在能确切地了解在申请环节中哪些因素很重要，我们也不可能知道到了你现在5岁的孩子申请大学的那一年，什么因素会更重要。

关于录取的标准，我们了解到的大部分内容都来自对大学招生人员的公开采访，虽然采访的数量比较有限，但也不是完全找不到。2009年，莱斯利·基尔戈尔在学术期刊《高等教育评论》上发表了一篇很棒的文章，根据17所精英大学招生人员的专访写了一份报告。

总的来说，招生人员很清楚，他们在评估时首先要考虑学生的学业表现。除了体育特长生之外，其他学生最重要的是在学校的表现，然后是课外活动。在评估课外活动的情况时，基尔戈尔是这样概括的："一所常春藤盟校的招生人员指出，'作为一个评估者，我想看到学生以某种方式、途径或形式发展出真正的兴趣，然后探索兴趣，这对他（她）产生了影响。而且，他（她）会从这种经历中学到很多，改变很多。'"

换句话说，他们想寻找的是学生专注于学业之外的事情的证据（至少根据文章中引用的招生人员的话，这更可能指的是从事一些工作、在家庭中承担一些责任，而不是参加有组织的兴趣班或运动）。

从小学生家长的角度来看，我想说这顶多能告诉我们：等到孩子要上高中时再关注孩子的课外活动吧。但高中同样很遥远，也有很多不确定因素，如果可能的话，我们应该尽量别去想这些。你让孩子学芭蕾、体操或小号很可能有你的理由，但你不能因为斯坦福大学管弦乐团一直缺小号手就这么做。

> **数据要点总结**
> - 尽量不要考虑这个问题（至少在高中之前不用）。

是否要让孩子参加夏令营和暑期培训班？

对许多家长来说，统筹安排工作是夏季的痛苦之源。好消息来了！本书的第一部分能帮到你，而拥有良好的任务管理系统可以救你于水火。

但是，除了统筹安排，父母们也有其他的问题。比方说，孩子的暑期计划中有夏令营，那你就必须选择让孩子参加哪种营地活动。是这种好，还是那种好呢？如果不考虑清楚，孩子会不会错过一些获得深刻体悟的机会呢？

显然，大家能从这本书里学到的内容是有限的。如果你想知道有没有什么秘诀，能告诉你到底是棍网球夏令营还是网球夏令营能让孩子在将来发展得更好，那你一定会非常失望。但我们可以参考一些数据。

说到夏令营的选择，数据可以在两个方面提供帮助。第一，有大量证据表明，特训营（通常需过夜）对某些群体的孩子更有价值。从这一点出发，它可以帮助你构建思路，去思考什么样的夏令营对孩子有好处。

第二，我们可以研究一下阅读和数学技能在暑期退步的可怕现象。我们需要为此感到忧心忡忡吗？

首先，我们得承认，费用也是家长们不得不考虑的重要因素。夏令营的费用可能非常非常昂贵。也许本地的夏令营价格比较划算，但缅因州的"炫裤"夏令营可就没那么便宜了。数据固然有帮助，但在做选择时，我们首先要考虑的是费用。

这也是一个与孩子沟通的好机会，你可以跟他聊聊家庭的财务状况。孩子能理解资源是有限的。虽然这样的对话有一定的难度，但直接跟孩子解释清楚有些夏令营你们家负担不起，会是比较理智的做法。

这还是一个与孩子一起学习理财知识的好机会，让他们参与进来，和你一起思考和权衡吧。我曾经跟一位母亲聊过，她说她儿子非常喜欢一个音乐夏令营，但他们不太能负担夏令营的费用。她和儿子一起思考怎样解决这个难题——比如能不能申请奖学金？少报点兴趣班行不行？孩子们很快就能明白这件事，还会和大人一起想办法。

● 数据能告诉我们什么：关于夏令营和归属感的价值

夏令营对孩子会产生怎样的影响？有一项研究以 80 个夏令营（30% 是日间营，其余是夜宿营）中的 5 000 名孩子为研究对象，大概是该领域迄今为止规模最大的研究了。营地活动结束后，研究人员对孩子们（和他们的父母）展开了调查。被问及营地是否"让自己感觉良好"时，92% 的孩子表示肯定；70% 的父母说他们的孩子变得更自信了。夏令营在其他方面也产生了积极的影响，比如孩子变得更独立了，自我价值感更高了，等等。

这听起来不错，是吗？但有两个问题。首先，只询问参加过夏令营的孩子是否喜欢夏令营——我们很难从这样的研究中获得启示，对调查做出回应的孩子更有可能是对夏令营感到满意的孩子！

其次，这项研究是由美国营地协会资助的，虽然这个组织为夏令营活动和家长提供了很多有用的服务，但在这个问题上，它不是完全中立的。那这是否意味着这项研究的结论是错误的？当然不是。不过，这就像奇亚籽行业资助的研究说奇亚籽对身体好处多多一样，我们要带着怀疑来看待这个问题。

此外，其他倾向性不那么强的研究也印证了该研究的结果，其中大部分关注的是有健康问题的儿童。比如，2005 年的一项研究以参加肿瘤夏令营的 34 名癌症儿童为研究对象。在夏令营结束时，参与者报告说，与学校里的同学相比，他们觉得自己与夏令营中的同伴有更多共同点，而且在心理方面也有所改善——他们更接纳自我，孤独感也下降了。

我们在患有其他疾病的孩子身上也能看到类似的结果，包括糖尿病（相关研究可以追溯到20世纪70年代）、视力障碍、肥胖症以及其他常见的儿童疾病。无论孩子患的是何种疾病，只要与"病友"一起参加夏令营，似乎都能提高孩子的自尊水平和自我接纳水平。从对肥胖儿童的研究结果来看，参加夏令营与体重减轻之间也存在相关性。

对于那些因为其他原因而感到被孤立的孩子，夏令营也有积极的影响。一些研究关注的是学术型夏令营对"天才"儿童（他们需要考试才能参加夏令营）在社会情绪发展方面的影响。比如，在一项研究中，科学家们在为期3周的夏令营开始和结束时分别对营员们进行了采访，重点关注的问题之一是营员的"自我概念"。他们会问：你对你是谁、你喜欢什么、你擅长什么感到自信吗？你接受你的肤色吗？

研究人员发现，这些孩子的社会性自我概念（对适应社交场合的能力的感受）和情绪的稳定性得到了强化。他们还想知道，孩子们的学术性自我概念是否弱化了，从理论上说，这些天才儿童会拿自己跟其他天才儿童作对比，这也许会打击他们的学术自信，但结果发现没有变化。

（本着开诚布公的精神，我觉得我应该告诉读者们，我在主观上倾向于支持这项研究的结果，因为从我自己的经历来看，如果没有夏令营，我的初中肯定糟透了，它是我整个初中阶段中唯一的亮点。而且，它确实提升了我的"自我概念"，虽然效果很短暂，最后我还是被八年级那恐怖的生活击垮了。）

其实，这些研究关注的是在某种程度上被"边缘化"的孩子——特别是在社会中。很明显的是，如果他们待在"跟自己一样"的孩子们组成的社会群体中，他们会因此受益。在某种意义上，这似乎与兴趣班很相似——数据表明，兴趣班能促进社会情绪的发展。夏令营给孩子提供了一种融入校外团体的途径。

那么，这些研究有帮助吗？我认为是肯定的，如果你的孩子在社交方面有一些困难，夏令营也许是一个好机会，能让他们接触不同的同龄人，意识到这个世界比教室里的社交圈子更广阔。我们并不清楚孩子是否有必要参加专业性较强的特训营，也许让孩子接触到不同的同龄人就足够了。

● 关于夜宿营的一点建议

夜宿营有一些特别之处。对有些人来说，夜宿营是人生经历中的重要组成部分，而对某些人来说，夜宿营则是一个任由别人用剃须膏在自己的床单上写字，或是在树林里做手工的聚会。我在上文中引用的文献大部分都以夜宿营为研究对象，很显然，夜宿营沉浸式的体验能强化营地活动的积极影响。

但是，送孩子去参加夜宿营也有可怕之处！对许多父母来说，夜宿营是他们第一次与孩子分开许久的经历，而对许多孩子来说，夜宿营也是他们第一次离开父母许久的经历。我们会禁不住怀疑，离开了我们，孩子将如何生存。事实上，营地生活与家庭生活的确不一样。在写书的过程中我读了很多文献，我最喜欢的一篇是于 1969 年发表的论文，该论文分析了某个夏令营中 10～12 岁男孩的刷牙行为。作者发现，即使有人提醒，这些男孩也很少刷牙，但如果要求游泳前必须刷牙，那他们更有可能刷牙。（这个要求取消后，孩子们又恢复到很少刷牙的状态。）

所以，我们也许不能指望孩子会自觉刷牙，我们也可以推测孩子在营地里会吃更多的垃圾食品，超出父母允许的数量，而且还会熬夜。

孩子是否会难过或想家？这要看每个孩子的情况。大量心理学文献关注的问题是，如果孩子与父母之间的依恋关系较差，他们会不会更容易想家，但并没发现两者有多大关系。从某种程度上说，大多数孩子都很想家，但每个孩子想家的程度不一样，年龄小的孩子和没有出过远门的孩子会更难受。有些人认为，孩子将来总要离家上大学、独自生活，夜宿营是种很好的锻炼，其暗含的意思是，如果孩子从未离家，以后适应起来会更难。但这都是猜测。请注意：这种研究有一种"羞辱母亲"的意味，很多研究关注的都是某些母亲如何"糟糕"，与孩子形成了不稳定的关系。

实证研究证明，有很多方法可以帮助孩子应对想家的问题（让孩子离开家，给孩子锻炼的机会；让营地提供心理咨询服务；让看护者给孩子提供情感支持；给孩子明确的应对指示）。如果你真的很担心孩子会想家，同时又觉得夜宿营对孩子很重要，不妨试着找一个能提供情感支持的夏令营。

● 数据能告诉我们什么：关于暑期班

每次学年临近结束时，孩子学校的出口处通常会出现一个牌子，上面写的是与可怕的"暑期退步"有关的信息。

"你知道吗，孩子们在暑假期间的阅读水平会下降整整一个年级？"

"暑假是用来阅读的！你制订阅读计划了吗？"

诸如此类。

数学也不能忽视。孩子还在上幼儿园时，我们就会从学校带一整包一年级的数学学习资料回家过暑假，老师还说了，如果开学能归还资料的话，孩子还能得到一块口香糖。（剧透一下：就算没做完也有口香糖）。

为什么大家对这个问题如此关注？这似乎可以追溯到20世纪八九十年代的一项研究，该研究指出了暑期学业退步的现象。其领军人物是杜克大学的一位名叫哈里斯·库珀的心理学教授，他是每个孩子最可怕的噩梦。可以说，他（非常成功）的职业生涯就建立在"家庭作业非常好，孩子在暑假也必须做作业"的观点之上。

在1996年发表的《暑假对能力测试分数的影响》这篇综述性论文中，库珀与合作作者研究了孩子的学习水平在经过一个暑假后会发生怎样的变化。他们发现，有证据支持暑期孩子的学习成绩会退步的观点：孩子们在新学年开始时的测试分数比上一学年结束时的分数低。数学能力的退步比阅读能力更显著，计算和拼写方面的退步也比解决问题技能的更显著。（简单来说，就是孩子在暑假时更容易忘记乘法口诀表，但不太会忘记如何思考。）

暑期学业退步在美国已经成了一个政治问题，因为它对某些群体的影响似乎更大。更具体地说，与高收入家庭的同龄学生相比，低收入家庭的学生似乎在暑期出现更显著的退步。20世纪八九十年代的一些文献指出，暑假可能是低收入家庭的学生在学业上落后的关键原因。也许一个暑假不那么重要，但如果把学生生涯中所有暑假的影响都叠加起来，就会造成很大的差异。（在新冠病毒肆虐期间，这个问题显得愈发突出，因为孩子们不在校的时间更久了。但新冠肺炎疫情是近期发生的事件，所以我们暂时还无法从中得出结论。）

关于这个问题，最近的证据并不像20世纪八九十年代的数据那样显而易见。2019年，一位研究人员分析了340万名儿童的考试成绩——这比以前的样本要多得多。最后的结论是，虽然有证据表明暑假期间孩子会退步，但幅度相对较小，而且不是每个孩子都如此。这项研究中的数据非常有用，因为学生的成绩来自连续的、标准化的评估。学生在放假前参加了测试，秋季开学后也参加了测试。学生会经常测试，所以研究人员可以了解学生每个月的成绩，并精确地估算出学生在暑假损失了多少个"学习月"。

结果显示，平均而言，学生确实损失了一些时间。例如，在幼儿园升小学一年级的那个暑假，平均每个孩子损失了大约1.5个月的学习时间。而且孩子的年级越高，损失的时间就越多，在小学五年级升六年级的暑假中，孩子损失的时间甚至超过了2个月。但这只是平均值，实际上浮动范围非常大，比如说在幼儿园升小学的那个暑假，有的孩子损失了4个月，有的孩子则多学了2个月。其差异之大让你可以想象叠加每年的差异会有怎样的结果。

总的来说，数据表明，60%～75%的孩子在暑期会失去一些学习的时间（这意味着25%～40%的学生获得了更多的学习时间）。与先前的数据一致，作者发现低收入的学生失去了更多的学习时间，但这种影响非常小。个体在时间损失之间的差异只有不到1%可以归因于社会经济因素。这并不是说这些因素不重要，只是说它们似乎没有之前的研究认为的那么重要。

实际上，论文作者发现，能够预测暑期学习时间损失了多少的是整个学年的学业成就。也就是说，孩子从前一年秋季学期到第二年春季学期的学业成就能帮助我们预测暑期学习时间损失了多少：成就越大，随后的损失就越大（平均而言）。作者并不完全清楚这是为什么。但我在更仔细地研究了数据之后，发现这其实反映出数据中存在噪声[1]。

研究中给学生设计的测试并不完美——与其他测试方法一样，孩子有时会考得好一些，有时会差一些。而且，工地上的噪音、脚趾受伤等等因素都会影响孩子在测试中的表现。平均而言，这些影响可以忽略不计。但是对某一个孩子来说，如果

---

1. 指数据中存在错误或异常的数据，对数据的分析造成了干扰。——译者注

春季学期末的考试考得比较好,就会被认为他在整个学年的学业成就比较好,但这也可能只是因为他那天发挥得特别好,但他在暑假过后的考试中可能不会发挥得那么好,看起来就像他在暑假损失了很多学习时间。反过来,在春季学期末考试中发挥得不好的孩子也会让我们得出错误的结论。

(统计学上我们称其为"趋均数回归",如果只是了解平均水平,趋均数回归并不重要。但请理解我这个人非常较真,谢谢。)

让我们回到眼前的问题:暑期退步现象到底是否存在?嗯,有些孩子会。但我们应该感到恐慌吗?可能不应该。

如果你听了这番话后仍然感到恐慌呢?或者说,就算你不担心孩子在暑假会退步,但你想鼓励孩子在暑假多学点东西呢?这也许反映出你担心孩子在某些方面可能会落后,而你希望他们能领先的愿望。

孩子在暑假上辅导班确实能取得进步(无论是为了查漏补缺,还是旨在提高成绩),对此你也许不会感到奇怪,因为在前文中你已经了解到辅导班的积极作用。

是的,孩子可以利用暑假提前阅读一些书籍,把数学成绩或者其他科目的成绩提一提。不过你也可能认为,暑假是一个促进社会情绪发展、让孩子学习生活技能(比如学习如何生火,或学习如何抵御野狼)的机会。这些技能虽然不同于孩子在学校里学到的技能,但显然同样有价值。

比方说,我们住在罗得岛州的首府普罗维登斯,家附近一直有野狼在游荡，面对这样的问题，让孩子做再多数学题也没用啊。

> **数据要点总结**
>
> - 数据表明，夏令营会让孩子更有归属感，特别是因为各种各样的原因被孤立的孩子。
> - 大多数参加夜宿营的孩子都会想家，而且在第一次参加夜宿营时尤其强烈。
> - 暑期退步现象确实存在：暑假期间，孩子们在学习上会有所放松。上辅导班有助于保持（或提高）孩子的学习成绩，代价是孩子就没时间做其他事情了。有得有失。

案例分析：要让孩子参加夜宿营吗？

设想一下，你有个大女儿阿曼达上小学三年级。这天，阿曼达放学回到家后，告诉你同班同学帕梅拉今年暑假要参加夜宿营，她也想去。

你的脑海里有个声音在说：绝对不行，你还太小，不能离开我。作为一名单亲妈妈（爸爸），你不会让孩子离你太远。

于是你答道："哦，这个咱们以后再说。现在你能帮我把餐具摆好吗？"

你希望阿曼达会忘记这事儿。可她没有。一周后，她又提出了这个问题："关于夜宿营的事儿你想好了吗？"

你向你最亲密的两个朋友提起了这件事——这个想法是不

是太疯狂了？其中一个回答说："哎呀，她年龄太小了！"另一个朋友说，她从小学三年级开始就在夏令营度过整个夏天，所以她觉得阿曼达这个年龄没问题。而且，参加夜宿营"对个性的发展会产生持续的影响"。

● **确定问题**

确定问题一点都不复杂：阿曼达应该参加夜宿营吗？不过，这个问题还包裹着其他问题，比如一套具体的统筹方案之类。第一个问题是预算：你能负担得起吗？第二个问题是时间和统筹安排工作：这个暑假能安排夜宿营吗？去几周最理想？你打算让孩子在营地待上一整个暑假，还是几个星期？

另外，阿曼达已经上小学三年级了，可以让她也参与进来，有必要让她认真思考一下，她是不是真想去夜宿营。9岁已经不小了，可以参加夜宿营了。如果你们经济允许，也安排得过来，那就让阿曼达坐下来参与讨论，邀请她参与家庭会议，确定议程。帮助她了解她要面对的挑战——离家，睡上下铺等等——这样她才知道她是不是真的想去。你也可以跟孩子一起浏览一下夏令营的网站。

这个过程的目标是要弄清楚：首先，阿曼达在了解情况后是否还想参加夏令营；其次，更好地了解夏令营的相关信息，比如营期是几周，具体地点在哪儿。在收集信息时，你会发现可供选择的夏令营实在是太多了——你需要先确定选项，否则你会疯掉。

● **收集信息**

对于这个问题，你应该主要收集那些能帮助你确定哪个夏令营最合适的信息。夏令营真的太多了！从最常规的夏令营（在大自然中游荡，吃棉花糖，划独木舟）、数学夏令营、音乐夏令营到艺术夏令营等等，令人眼花缭乱。这些大的类别中还可以细分出无数个小的类别。在确定了几个有意向的夏令营后，你还要收集更多信息：营地住的是帐篷还是小木屋？营期多久？营地是男女混住的吗？

我们知道，夜宿营的重要价值之一是它能给孩子们一种归属感，让孩子接触新的社交场景。这对孩子来说有多重要，很大程度上取决于个体。如果对于阿曼达来说，夜宿营的一个好处是能让她接触新的社会环境——她在学校与同学相处并不顺利，或者感觉自己无法融入班级，那么你要考虑的因素应该是，她在什么样的社会群体中才能茁壮成长？夜宿营能为她提供这样的机会吗？

也许你根本就不会考虑那么多，你只把夏令营看作是一个传统的、能让孩子在大自然中撒欢儿的好机会。

作为一名社会科学家，我还有一条建议，那就是（尽可能多地）与孩子最近参加过夏令营的父母或者孩子正在参加夏令营的父母聊一聊。关键是不仅要了解孩子们是否喜欢某个营地——大多数情况下，你都是通过夏令营的主办方联系上这些父母的，所以他们的评价一般都比较正面。我认为最有用的是了解这些家长和孩子是否"像你一样"。他们所看重的是否也是你们看重的？

除了选择夏令营，你还要收集一些信息，以帮助统筹安排。你能确定夏令营的具体时间吗？能报上名吗？（女儿第一次跟我提夏令营的时候是1月份，事实证明，很多营地在前一年的10月就已经报满了。唉。）

● **最终决定**

现在你锁定了两个夏令营，也可能是一个。是时候与阿曼达最后谈一次了。和她一起讨论一下细节。谈谈如何安排时间。她真的想去夜宿营吗？她在那儿会开心吗？要不要等她再大一点？

做出决定，准备行动（或者不行动！）。

● **后续评估**

记住要重新审视你的决定！如果阿曼达确实参加了夏令营，等到秋天时，你们应该找个时间客观讨论一下进展。她还想再去吗？去同一个还是不同的夏令营？想待得更久一点吗？专业建议：从夏令营回家的路上可千万别急着跟孩子聊这些。

如果孩子最后没去，也要找个时间评估。说不定她明年想去呢？

第十章

你的孩子真的快乐吗?

什么对孩子最好？关于这个问题的学术文献都过度关注考试分数，所以如果你认为社会的主要目标就是把孩子变成最好的考试机器，那也情有可原。

对许多家长来说，孩子在学校的表现是最重要的。我们希望孩子能在学业上取得好成绩，因为这能给他们创造更多的机会。但很明显，这并不是我们对孩子唯一的期望。我曾与一位挚友聊过他的儿子，当时他儿子才两三岁。这位朋友告诉我，在儿子没来到这个世界之前，他认为自己会非常在乎儿子的学习成绩。但看到这个可爱的小人儿后，他说，"我只希望他能快乐"。

我只希望他能快乐。

如果你的孩子很快乐，你会觉得这一切都是理所当然。他们当然快乐，毕竟是小孩子嘛。而一旦你认为快乐是理所当然的，你就会关注其他事情——我们暂且称其为"成就指标"。

然而，孩子不开心时——我并不是指孩子因为你不让他吃甜点而生气的时候，而是指孩子真的非常痛苦的时候——我们往往就不会再关注其他方面了。如果听到孩子跟你说他没朋友，有人欺负他，或者同学们都觉得他很古怪，你会比听到孩子在学习上遇到问题还头疼。

我的孩子快乐吗？这个问题的另一面是：他们是否让别人快乐？我的孩子待人友善吗？他们是否会考虑其他孩子的感受并给予支持？我不希望我的孩子被人欺负，但我也非常不希望他们欺负别人。

基于数据的分析往往集中在考试成绩上，因为成绩是可以量化的。这样的数据我们有很多。有了这些数据，我们可以进行纵向比较，建立回归模型，确定是否存在因果关系。可涉及感情时，涉及社会情绪方面的表现时，我们关心的因素就没那么容易量化了，你很难评估一个孩子的情绪状态，更别提研究需要统计大量样本的数据，所以科学家们很难按照科学的标准展开分析。要知道孩子是否快乐、友善，有点像美国最高法院前大法官波特·斯图尔特在定义什么是淫秽时说的话："只要看到它，我就知道它是不是。"这与科学研究的方法截然不同。

但这样的研究并不是没有。在过去的30年里，特别是在过去的10年或15年里，有更多的学术研究关注这些主题。虽然数据并不完美（数据从来都不完美），但足以说明两个方面的问题。

第一，如何才能把孩子培养成友善的人，能够有效地与他人互动？第二，如何将他们培养成自信、快乐的人？关于第二个问题，我想告诉大家，重点不是——也不应该是——如何培养一个受欢迎的孩子。你不需要那么做。孩子们有自己的个性，问题是如何帮助他们自信和快乐地接受自己本来的样子。

孩子的情绪会受到什么影响？

"你今天过得怎么样，妈妈？"

"嗯，还好。我跟人发生了一些冲突，我真的很生气。我发脾气了，后来又后悔了。"

"也许我可以帮忙！"

"怎么帮？"

"我跟你说，当你觉得自己忍不住想大喊大叫时，先闭上眼睛，深吸一口气。吸气，呼气。然后问自己，大喊大叫事情就会好转吗？这样做有帮助吗？"

欢迎大家了解上小学三年级的孩子在社会情绪发展方面的状况。我在 1988 年上小学三年级，佩内洛普在 2019 年上三年级，你能看出我们的区别吗？佩内洛普和我大约每 3 周就会有一次这样的对话。怎样才能减少人际冲突？怎样才能更好地控制自己的情绪？佩内洛普给我提了大量建议。在她学校的教师反馈内容中，社会情绪课程所占的比重与数学课或者社会研究课相当。

至少在我的印象中，过去并非如此。我上的学校与佩内洛普和芬恩的学校差不多，但我记得围绕这些主题的正式课程非常少（这也许是我在社会情绪方面表现得如此糟糕的原因）。是的，别人告诉我们要与人为善，不能打人，但并不是每个人都会这么做。更重要的是，那时候没人想过有什么方法能帮助我们。

很难弄清楚是什么原因带来了这样的转变。作为一名经济学家，我更倾向于支持以市场为出发点的解读。也许社交技能在市场上的经济回报增加了，所以我们才觉得有必要发展这项技能。也许是因为社会对精神疾病和心理治疗的文化态度有了明显的转变，与这两者相关的耻辱感已经大大降低，关于心理健康的对话越来越多了。也可能是因为人们意识到与人为善是件好事。这些解释都合情合理。

当然，如果承认这是有价值的技能，你就要问了，我们要如何发展这种技能？在实践中，我会把这个问题分成两个子问题。首先，从个人层面来看，有哪些相关的研究？在这个层面上，研究关注的重点是同理心。怎样才能帮助孩子发展共情的能力？其次，从更广泛的群体层面来看，关于如何营造良好的社会环境有哪些研究？是否有证据可以告诉我们怎样防止霸凌，怎样在教室或其他场合发展亲社会行为？

这两个方面都有数据可供参考，我们一起来看看吧。

● **数据能告诉我们什么：关于同理心**

为了发展同理心，我们需要"心智理论"。总体来说，就是我们要让孩子理解其他人的想法和感受。据我们所知，心智理论认为，在生命的最初几年存在这样几个发展阶段。

第一个阶段是学会根据面部表情识别情绪。杰西曾经和佩内洛普玩过一个很棒的游戏，叫"情绪面孔"，你需要制作并识别出不同表情的面孔。在一项研究中，研究人员发现，到3岁时，约有55%的儿童能够识别情绪；到5岁时，这一百分比上升到75%。（研究人员会向孩子们展示各种图片和场景，并询问相关的问题。）

随着年龄的增长，孩子们会变得更加成熟。到5岁时，孩子们开始理解情绪。他们开始理解为什么故事里的男孩把球或者蛋糕弄丢时，会露出悲伤的表情。到了7岁时，更多的孩子能够理解别人感受到的情绪与表露出来的情绪也许并不一致——看起来我是在笑，但实际上我可能很难过。9岁的孩子对矛盾的情绪有了更深的认识，他们会明白，一个人可以同时感到悲伤和快乐。

要让孩子在社交场合中拥有同理心，对矛盾情绪的认识尤为重要。如果孩子在小学阶段能认识到一个人看似在和他一起笑，但实际上内心很受伤，这会非常有意义。

从广义上讲，所有的孩子都会经历这几个阶段，当然，他们经历这几个阶段的年龄会略有不同，能力也存在差异。有些人会表现得更好一些，无论是大人还是小孩。高度发达的心智可以提高社交互动的质量，也就是说，能提高你与他人互动的能力。

很显然，这方面的一些个体差异是与生俱来的。但与很多技能一样，孩子也可以通过后天努力习得。如果父母能为孩子树立好的榜样，孩子就会更擅长理解别人。这方面的研究认为，如果母亲能使用更多的心理状态语言，孩子的心智会发展得更好。

当然，我们很难判断这两者之间是否存在因果关系。父母与孩子交谈的方式与许多其他方面的特征也有关。除此之外，如果你认为心智与遗传有关（这听起来起码有些道理），那么就算母亲的交谈方式不起作用，你也会认为心智与母亲有关。

然而，一些更复杂的证据似乎支持了因果关系。有一项研究在一年中的多个时间段观察了82对母子。研究人员共访问了3次，每次都会请母亲向孩子解释一幅图片的内容，观察他们对图片中人物精神状态的关注程度，并对此打分（评分还包括其他方面的情况）。

研究人员发现，孩子的心智发展水平与他们的母亲是否使用了心理状态语言有关，而且从时序来看，这两者之间存在因果关系。也就是说，母亲是否使用心理状态语言影响了孩子未来的心智状况，而不是过去或现在的。此外，即使考虑到人口统计学和儿童早期心智水平的差异，因果关系仍然存在。

也许更有说服力的是，实验证据直接表明，心智可以通过后天教授习得。在一项研究中，科学家们招募了93名5～8

岁的儿童。首先，研究人员测试了孩子们的情绪理解能力（大致可以理解为心智的成熟度）。然后他们让所有的孩子听9个小故事。接下来，他们把儿童随机分为3组，一组由研究人员向他们解释故事中一些人物的矛盾情绪；另一组回答研究人员提出的问题并解释这些情绪；第三组是对照组，研究人员问了他们一些关于故事的事实性问题。最后，研究人员再次测试了这些儿童的情绪理解能力。

研究人员发现，相对于对照组，前两组儿童的情绪理解能力都获得了显著的提高，这表明在特定的故事背景下思考情绪对发展更普遍的情绪理解能力有帮助。

在一项类似的研究中，研究人员请7岁的孩子先阅读故事，然后讨论故事中角色的情绪，或者把情绪画出来。相较于只画画的孩子，讨论角色情绪的小组在情绪理解方面有更大的进步。

结合家庭中的证据，这表明心智在某种程度上是可以通过后天教授习得的。不仅如此，研究还为我们提供了一种方法——与孩子一起讨论示例场景中角色的情绪。很显然，书籍是提供示例场景的资料库，而且，随着文本愈加复杂，你可以与孩子一起解读更多的东西。

我个人最喜欢的是雷梦拉系列图书，它细腻完美地描写了儿童的情感，又不会让成年人感到厌烦。雷梦拉说话做事的方式常常会无意中让她的姐姐碧翠丝感到难堪，关于这一点，我和孩子讨论了很多次。

● **数据能告诉我们什么：关于霸凌、暴力与亲社会互动**

我们可以把情绪学习看作是个体的任务，但它还涉及一个范围更广的问题：怎么做才能提高群体的同理心。更具体地说，学校和家长要怎样做才能让教室里的孩子们变得更包容、更友善？

由于青少年的心理健康问题，包括抑郁症、焦虑症和其他问题在不断增加，这一点正变得越来越突出。一方面，我们愈发关注孩子的同理心和应对技能的培养，另一方面，我们也要面对在社群压力与学业压力之下，孩子们的心理健康在不断恶化这一事实。社交媒体可能没有帮助（在后面会有更多介绍）。

现在的基本问题是：如何才能在限制霸凌行为的同时增加亲社会行为？不出所料的是，学校有大量旨在改善这些状况的研究项目。

20世纪80年代在挪威的42所学校实施的干预措施是最早以反霸凌为目的的干预措施之一。该项目的核心措施涉及学校制度的改变（制定规则、教职工讨论、设立"防止霸凌委员会"），对霸凌他人或被霸凌的学生增加额外的监督和干预，举办以防止霸凌为主题的班会，让更多的人参与进来。

来自挪威的证据表明，这个项目很成功。在该项目实施后，从霸凌者和受害者两方面的报告来看，校园霸凌行为大大减少了。该项目还带来了其他好处，比如学生在课间休息时间的舒适度提高了，班级的"社会氛围"改善了。

这一类证据非常振奋人心，但并非所有的干预措施都同样有效。2010年的一项元分析研究总结了大约40种反霸凌干预措施。这些干预措施差异很大，评估方法也是如此，结果好坏参半。一些干预措施会带来明显的改善，另一些则没有。

元分析结果表明，这些干预措施似乎在年龄较大的儿童身上有更好的效果，而且措施越密集，效果越好。措施的密集程度与校内因素有关，也与是否开家长会，孩子在游乐场玩耍时是否有人监督有关。严格的纪律似乎相当重要。分析还发现，与比较孩子在干预前后的表现的研究相比，用随机方式开展的研究发现干预措施的效果更小。我们可以认为，前后对照式的研究设计有缺陷（毕竟，我们更倾向于随机取样），但它也可能反映出开展随机试验的学校类型较为特殊。

一些以学生为主导的项目——主要以较早的挪威干预措施为范本——确实显示出更一致的结果。一个例子是芬兰的"KiVa"项目，以小学四到六年级的学生为研究对象，这些学生每学年要上20个小时的相关课程。课程的重点是让学生了解群体的作用，帮助学生发展同理心，学习一些帮助他人的策略。授课形式有角色扮演、讨论，甚至还有电脑游戏。

对此芬兰开展了大规模的评估，在近80所学校中，霸凌和伤害行为的指标都有所下降。这一结果与意大利一个类似项目的结果是一致的。

这些证据表明，考虑周到、精心设计的反霸凌项目确实会产生一些影响。同时，它也清楚地说明了"考虑周到、精心设计"的重要性。不是所有的项目都能产生相同的效果。借鉴那些有实证支持的项目似乎至关重要。

另一组项目并不局限于关注霸凌问题，而是更多地着眼于一般的亲社会行为。以预防暴力为目标的项目则侧重于研究如何让孩子与他人友好相处等。在美国影响最广泛的是一个叫作"第二步"的项目，这也是我家孩子的学校在实施的项目。

"第二步"项目与成功的反霸凌项目有许多共同点，也借鉴了同理心训练。它是一套全面的课程，设计者的初衷是让学校像教授科学课或社会研究课那样教授与情绪有关的技能。课程中有同理心单元、解决问题的单元、管理愤怒情绪的单元等。该课程非常注重实用性，它提出的问题是：在这种情况下你可以使用什么方法？

下面的例子是佩内洛普告诉我的：举起手，大拇指折向掌心，其他四指向下弯。这就是你的大脑。有时你感受到非常强烈的情绪——愤怒、快乐、悲伤、沮丧。有时它们可能强烈到让你失去理智。竖起四根手指，竖得高高的！当这种情况发生时，你可能会反应过度，说一些不合本意的话，做一些会让自己后悔的事。当你觉得你可能会失去理智时，你必须找到一种方法来掌控情绪。

什么策略对你有效？你可以深呼吸，闭上眼睛，或想象一个用棉花糖做的独角兽。这样做能帮助你保持理智。

课程的重点大多是以孩子们可以理解的方式解释和形象化这些问题，并鼓励他们用对自己有效的方法来解决这个问题。

至少有一些研究证明了这个项目在学校中的价值。有一项研究以741名小学三年级至五年级的学生为研究对象，发现学生在"以积极的方式应对问题、关心他人的合作性行为、抑制攻击行为和考虑他人的感受方面都有所改善"。但值得注意的是，因违反纪律而受到处分的数据没有变化。另一项类似规模的研究显示，研究对象的攻击性有所改善，教师报告的行为评分也有所提高。1/3研究对象的攻击性持续下降，虽然教师未观察到行为上的变化。其他针对年龄较小的儿童的研究显示，孩子大脑的执行功能有所增强。

还有一些更细致的证据。其中一项规模较大的研究——对7 000多名幼儿园至小学二年级的学生进行抽样调查——发现平均而言，干预措施并没有产生效果，但他们发现，新学年开始时在这些方面技能较差的学生受益更大。

总的来说，"第二步"项目能产生积极的影响，虽然影响算不上大，但对不同年龄段的孩子在多方面的表现都有积极影响。我知道，虽然"第二步"被广泛应用，但它只是众多社会情绪学习项目中的一种，还有一种受欢迎的项目叫"PATHS"。虽然每个项目在细节上存在差异，但它们的重点都非常相似：培养孩子的同理心和解决问题的能力，让孩子学会应对激烈的情绪。

我观察了这些课程在孩子身上产生的效果，我再次感到震惊的是，课程强调这种应对方式是一种技能。这种技能非常有价值，它应该与被我视作更基本的技能（如数学和阅读）并驾齐驱，而且是后天可以习得的技能。我不禁想到，如果我在小学阶段和中学阶段更关注这些技能，我的生活会愉悦很多。但转念一想，也许现在向佩内洛普学习还不算太晚。

> **数据要点总结**
> - 同理心与情绪控制是后天可以学习的技能。
> - 我们可以帮助孩子发展同理心。以实证研究为基础的方法侧重于解释故事中角色的情绪反应。
> - 在学校中推行的反霸凌干预措施的效果存在差异，反映的也许是实验设计方面的差别。
> - 社会情绪课程能帮助孩子发展社交技能，包括在个人层面和群体层面。

如何让孩子变得更自信？

我希望我的孩子与人为善，反过来说，我们也希望其他孩子能善待我们的孩子。我们希望他们能自信乐观地接受自己本来的样子。你会希望你的孩子有足够的自信心，相信自己的价值，当别人轻视他们、对他们出言不逊时，他们也毫不在意。

我小时候曾因此感到十分痛苦。上小学和初中时我并不是特别受欢迎，我非常在意别人对我的看法。我不惜一切代价想和受欢迎的孩子们一起玩。上小学六年级那会儿我确实取得了一些进展，但后来还是被抛弃了。现在回头看，我只希望我当时别那么在意别人的看法。在考虑如何教育孩子时，我总是把这一点放在首位。我要怎么做才能帮助我的孩子树立自信？

值得一提的是，有些人认为当下的育儿理念和学校氛围过于关注孩子的自尊心。家长们太希望孩子能对自己感觉良好了。诸如《自我感觉良好课程：以自尊的名义愚弄美国的孩子》这样的书就是例证。该书的观点是，对自尊的关注造就了一代"自命不凡、正义感爆棚、成绩不好的孩子"。

我认为其中隐含了一种有价值的观点，就是人会拥有过高的自尊心，如果孩子认为自己永远不会犯错，这对他没有任何好处。孩子可以从取得成就、掌握不那么容易学会的技能中获得自尊。过高的自尊心与不自信、不开心是两种极端，与育儿的其他问题一样，重要的是怎样保持平衡。

在思考关于自信心、自尊心、归属感和遭受霸凌后的复原力方面的数据时，我们有必要先回顾一下有关兴趣班的数据。兴趣班和夏令营会产生积极影响，似乎是因为它们有助于增进孩子的自信心和自尊心。让孩子参加兴趣班可能是很好的缓冲，即使他们目前一切顺利，而如果校园生活不顺利的话（无论在与同学相处方面还是学业方面），兴趣班也能帮他们找到另一个关注点。兴趣班也许是一个能找到新朋友的地方，一个能让孩子忘掉校园生活的不愉快并取得成功的地方。

我们可以更仔细地看看数据。假如你的孩子是受欺负的一方，是同学眼中的"怪孩子"，解决这个问题时我们能从科学研究中学到什么？当孩子被欺负时他的复原力如何，数据能告诉我们什么？如果你的孩子真的很痛苦，可以采取哪些有效的干预措施？

我很清楚，这些数据并不能代替心理医生，也处理不了非常棘手的社会情绪问题。患有焦虑症或抑郁症的孩子需要专业的帮助，而训练有素的心理治疗师拥有的手段远远超出了本书的范围。

● 数据能告诉我们什么：关于遭受霸凌后的复原力

我使用的字典对自尊的定义是：对自己的价值和能力的信心；自我尊重。也就是说，一个有自尊的人会觉得自己足够好，是个有价值的人。自尊与自信有关，但两者不是一回事。认为自己是一个有较高"价值"的人，与对自己的能力有信心并不相同。在某种意义上，我们认为价值感更难实现。通过完成重要的任务，我们可以获得对自己的能力的信心；但怎么做我们才能对自己的价值感到满意呢？我们很可能是靠别人来说服我们自己是有价值的；从本质上看，自尊是一个社会性的概念。

这是一个在心理学领域颇受关注的话题。我曾读过一篇相关的论文，作者将自尊心与自我概念（你也许记得，在夏令营的部分我们提到过这个名词，自我概念衡量的是个体是否能够明确地意识到自己的优势）联系了起来。作者认为，有明确且稳定的自我概念的人拥有更高的自尊。与此相反，自尊心较低的人的自我概念似乎不太清晰和稳定。通俗地说，就是他们会贬低自己，且方式会随时间的推移而变化。

自尊心与"复原力"密切相关，复原力指遭遇困难时能够恢复的能力。想想看，你（无论是成年人还是孩子）需要什么才能成功地克服挫折（比如别人对你十分苛刻）呢？摆脱负面情绪的能力是关键。（我在工作中曾经历过一段非常艰难的时期，当时我真的每天都会在办公室里用最大音量播放泰勒·斯威夫特的歌《通通甩掉》，而且一天要放上好几遍。讨厌的人会一直讨厌你[1]。）

也许对所有父母而言，最难接受的事是意识到自己不能一直保护孩子。我们不仅无法无时无刻地保护孩子的人身安全，也不能保证他们的社会关系是安全的。我敢说，作为父母，我们都有过想走进教室，直接与那些欺负人的孩子对峙，冲他们大吼大叫的冲动。但这样做并不管用，也不被其他人接受。（说真的，千万别这么做；我们能做的就是在放学时冲这些孩子的家长翻个白眼。）你可以和孩子讨论如何与人打交道，如何改进他们的做法。正常情况是，一整天下来，孩子一定会在社交上遭遇挫折，否则反而不太寻常。

而这些挫折对孩子来说确实很重要。有很多调查数据表明，霸凌——通过人身攻击或情感伤害——对孩子有害，会让孩子产生不愉快、抑郁和焦虑的情绪。芬兰一项针对 7～9 岁儿童的纵向研究发现，那些在社交中比较孤立的儿童更有可能发展出内化（抑郁和焦虑）和外化（行为不端，有攻击性等）的行为问题。

---

1. 这是《通通甩掉》中的一句歌词。——译者注

但并非所有孩子对社交孤立的反应都一样,这就是复原力起作用的时候。我们无法控制孩子人缘的好坏。实际的问题是,如果孩子不受欢迎,我们是否有办法给他们提供缓冲的空间。上文提到的在芬兰的研究发现,友谊能够影响社交孤立与行为问题之间的关联性。具体来说,研究人员发现,那些报告自己有朋友的孩子即使遭遇了社交孤立,也不会有行为问题。孩子并不一定要受大家欢迎才会感到快乐,但朋友很有帮助。

其他数据表明,家庭也可以发挥类似的作用。例如,英国一项针对儿童的研究收集了关于家庭氛围、母亲的温情和兄弟姐妹关系的信息(这项研究中的所有的研究对象都是双胞胎,所以他们都有兄弟姐妹)。研究人员还请孩子们报告了与被霸凌相关的情况。

然后,研究人员评估了孩子们的自尊心和复原力。他们基本上就是在评估自尊心和孩子被霸凌的程度之间的关系。那些经常被霸凌但仍有较高自尊心的孩子被认为是"拥有复原力"的孩子。接下来,研究人员进一步探讨了复原力与家庭特征之间的关系。

总的来说,他们发现,如果孩子生活在能从母亲和兄弟姐妹那里得到更多温暖的家庭,他们的复原力就更强。事实上,拥有稳定和幸福的家庭生活似乎可以保护孩子们免受被同龄人霸凌带来的最坏的影响。这两者之间存在因果关系吗?很难说。各个家庭之间还有很多其他方面的差异,这些差异也可能与积极的家庭氛围和孩子的复原力有关。然而,我想说的是,这些结果不仅符合我们的直觉,也得到了其他研究的支持,这些研究表明,稳定的家庭关系能帮助孩子免受霸凌带来的长期伤害。

从某种意义上说,我们可能不需要数据和证据来说明稳定的家庭对孩子的成长有好处。我们在这个世界上看到的许多事情都让我们相信这一点。但我认为值得注意的是这些研究结果中存在的交互性。并不是说来自稳定家庭的孩子更少被霸凌——这或许是事实,但不是重点。重点是霸凌对这些孩子产生的不良后果较少,无论在长期还是短期。因为他们可以利用自我意识的另一面。总而言之,他们拥有复原力。

● 认知行为疗法

上大学时,我曾在朋友萨拉·海勒导演的一些作品中担任过灯光设计师。多年以后,我成了芝加哥大学的教授,而萨拉在我们学校读研究生,攻读公共政策方向的博士学位。(她现在是密歇根大学的教授。)

在芝加哥大学时,萨拉做了一项研究,是我见过的最引人注目的社会科学研究之一。芝加哥的监禁率非常高,这也是很多美国城市都有的问题。有一大堆文献研究了高监禁率背后的政策原因,那么,在目前的体制内如何降低监禁率?研究显示这是一个很棘手的问题。我们可以看到,导致个体被监禁的一系列问题往往在个体很年轻时就开始显现,他们在读书时就开始出现问题行为。

萨拉和合作者设计了一项随机评估实验，并在芝加哥的两个机构中开展实验——一所高中和一个青少年拘留中心。他们评估的是一个名为"成为一个真正的人"的项目，该项目以常用的认知行为疗法为基础对研究对象进行干预。简单来说，行为认知疗法是一种短程的、以当下为中心、以行动为导向的心理治疗方法。它关注的不是创伤或行为的根本原因，而是如何改变思维模式，让个体认识到应激情境，并改变对它的态度。

这个项目强调的是放慢思考，并评估对某一情况做出攻击性反应是否适当。研究人员把男孩们分成小组，让他们学习这种技能。在其中一项活动中，研究人员会把球递给一个男孩，然后告诉另一个男孩去"拿球"，结果几乎所有的男孩都试图通过使用暴力来拿到球。

活动结束时，研究人员会问："你为什么不直接开口去要那个球呢？"通常情况下，拿着球的男孩会说："对啊，我会给你的，不就是个球嘛。"而试图拿球的人则表示，他们从未想过直接开口。该项目的重点是帮助男孩们开发心理工具，让他们认识到在面对某种情况时，完全没必要使用暴力。

该项目取得了巨大的成功，特别是考虑到该项目使用的是低干预方式——花费不高，期限较短，又在高风险的样本中实施。研究人员看到监禁的人数开始减少，学生在学校表现得更好，出勤率更高了，（在青少年拘留中心实施时）累犯的情况也有所减少（即参加该项目的孩子在被释放后又再次被监禁的可能性较小)。这是一篇逻辑缜密、构思巧妙的论文，是一项对政策产生了巨大影响的重要研究。

萨拉实验中的研究对象比本书针对的人群的年龄要大得多，而且被监禁的风险非常高。有大量研究也像这项研究一样，采取了基于认知行为疗法的干预措施，这些研究都表明干预措施对遭遇不同困境的孩子能产生积极的影响。这些研究有很多关注的是高风险的个体，研究证据表明，"以创伤为焦点的认知行为疗法"对经历过非常严重的负面事件（虐待、暴力）的儿童有积极影响。其影响包括参与者大脑活动的变化。

这一领域的研究也表明，认知行为疗法能改善那些因校园霸凌等日常问题感到挣扎的孩子的焦虑和抑郁情绪。

例如一项以被霸凌的青春期男孩为研究对象的小规模研究发现，基于认知行为疗法的干预措施能减少焦虑和抑郁情绪，孩子们报告的霸凌行为也减少了。这些影响甚至在几个月后依然存在。

研究还表明，认知行为疗法对年龄较小的儿童也有积极影响。有一项研究评估了一个旨在减少焦虑情绪的项目（"酷小孩"项目）实施的效果。其研究对象是一群8～13岁的孩子，他们在焦虑情绪方面的分数非常高，结果发现，该项目减轻了孩子们的焦虑和抑郁情绪，同时增强了他们的自尊心。该项目（就像大部分基于认知行为疗法的项目一样）的侧重点是帮助孩子掌握认识和管理焦虑情绪的实际方法，而不是深入研究产生情绪的根本原因。

从数据来看，认知行为疗法似乎对焦虑、抑郁或低自尊的孩子普遍有用，但显然它并不适合所有人。如果你的孩子正在困境中苦苦挣扎，向专业人士寻求个性化的建议基本上是没错的。令人欣慰的是，我们总能为孩子提供一些帮助。

> **数据要点总结**
> - 自尊、焦虑和抑郁情绪都会受到与同龄人相处的经历的影响。
> - 稳定的家庭生活，包括与朋友、兄弟姐妹和父母建立正面的关系，可以减少与同龄人相处的负面经历带来的影响。家庭是一个可以提供安全感的空间。
> - 认知行为疗法对焦虑、抑郁、低自尊的孩子有帮助。

案例分析：我的孩子欺负别人怎么办？

这是一通你不想接到的电话。

"您好，史蒂夫？我是弗朗西斯卡，朱利安的妈妈。朱利安跟马修是同班同学。"

"啊……您好！"你费劲地回忆着，三年级的孩子那么多，哪个是朱利安呢？背恐龙书包的那个？

"很抱歉这么晚打电话来，但恐怕我们遇上了一些麻烦。朱利安说他在学校被欺负了；其他男孩不让他在课间休息时踢足球，我听说还不止这一件事。"

"哦，天哪，我很抱歉。这听起来真叫人难受。马修能帮上什么忙吗？"一时间你感到十分自豪，也许她打电话来是因为她觉得你的孩子乐于助人。但你的自豪感转瞬即逝。

"呃，其实……朱利安告诉我是马修带头这么做的。应该是马修说朱利安的足球踢得太烂，不能和他们一起玩。"

你的心咯噔沉了下去。你感谢她打电话过来，说你会跟伴侣和马修谈谈，然后挂断了电话。所以马修是个爱欺负人的坏孩子吗？你应该怎么做呢？

● **描述问题**

在这种情况下，你的直觉可能是先把马修拖到楼下，对他大吼一通。他怎么能欺负其他孩子呢？你难道没教过他不能这么做吗？明天到了学校后必须让他邀请朱利安来家里过周末。这周他也别想吃甜点。居然干出这种事，你还想取消他的生日派对。你非常气愤。

或者，你的本能反应是认为朱利安的妈妈说谎了，而你要向你的另一半大肆宣扬这一切有多么不公平。

等一下。

这两种反应都是新手父母会有的反应。有这种反应说明你还处于养育新生儿的模式——你想立刻把这个问题给解决了！新手父母看到绿色的大便时就是这种反应：把大便清理干净，给医生打电话，解决问题。

但这种方法在这里行不通。这不是一个能通过速战速决的方式解决的问题，尽管你当下觉得似乎是这样。你并不了解所有的情况。三年级足球比赛中的社交张力可能比你想的更复杂。也许朱利安的妈妈听到的故事不完整。如果你和马修发生冲突,这可能会破坏你和他的关系,却无法弄清事情的真相。如果你认为朱利安的妈妈在撒谎,你可能会失去将问题扼杀在萌芽状态的机会。

第一步还是应该明确问题,和你的另一半一起(如果有的话)。(但这时候最好别让马修参与。)我的想法是,这里有几个问题需要回答:究竟发生了什么?这是一种行为模式吗?我们能做些什么来解决这个问题?

● **收集信息**

此时你最需要了解的是三年级孩子的社交情况,你也许希望孩子在升入四年级时能把这些事情抛之脑后。但没这么简单。

你至少得给马修的老师打个电话。他们知道发生了什么吗?他们是否觉得马修在学校里欺负朱利安,或者带头说朱利安的坏话?

你也可以从其他人那儿获取一些信息。如果你认识马修班上其他孩子的家长,你可以问问他们有没有听说什么事情。最后,你可以再给朱利安的父母打电话,以便更好地了解情况,虽然这很难。上一次通话让你感到很吃惊,可能还有点生气、怀有戒心,那可不是弄清楚发生了什么的最佳时机。

最后,你需要和马修谈谈。但不要在怒气冲天的时候跟孩子谈话，等心情平复了再说。让孩子从他的角度解释到底发生了什么。

● **最终决定**

你会做出什么样的决定，在很大程度上取决于你从调查中了解到哪些情况。如果你了解到霸凌现象在三年级学生中普遍存在，那你可能需要与校方会面，也许可以把上文讲到的关于如何在课堂上发展社会情绪技能的课程推荐给校方。学校可能会抗拒改变，但也说不定。如果他们正在努力解决这个问题，也许他们会很高兴看到你能推荐一些有实证研究支持的方法。

也可能你了解到问题确实出在马修身上。你当然不希望这样，但我们对孩子的认识并不是我们认为的那样。你可能需要做一些更有针对性的、一对一的工作——或者让别人来做——让马修好好思考自己行为的影响。你当然不想承认你必须这么做，但这事宜早不宜迟。

或者，最后你可能发现另有隐情——也许你没意识到马修在某些方面遇到了困难。他需要更多的帮助来管理复杂的情绪，而不是惩罚。本章中的一些数据可能会对你有帮助。

总而言之，你需要一个能逐步推进的计划，你还需要回应朱利安的妈妈，而且，无可避免地，马修也需要回应朱利安。即使错不在他，或者事情不仅仅牵扯到两个孩子，你都需要解决这个问题。

● **后续评估**

很显然,你需要一直跟进后续状况。要处理好这种情况,我们无法一蹴而就。克服想放弃、想忘了这事儿的冲动吧。现在多投入一些时间,到孩子上初中时你会得到巨大的回报。

第十一章

孩子什么时候可以拥有手机？

关于孩子一天中的重要活动，我们已经讨论了很多：睡觉、吃饭、上学、兴趣班。现在就剩休闲娱乐了。当孩子们没其他安排时应该做些什么？当然，孩子们的休闲娱乐活动常常离不开电子产品，无论他们是被动接触（比如看电视、打电子游戏）还是主动接触（比如使用社交媒体）。

在许多父母的心中，电子产品是非常可怕的东西。它们被当成洪水猛兽。我们在媒体上能看到一些不足凭信的文章如此报道硅谷的父母们：这些从事 IT 行业的人绝不让他们的孩子接触电子产品。头条新闻也说，电子产品能改变孩子的大脑。（说句公道话，我们接触的所有东西都能改变我们的大脑。）使用社交媒体和电子产品导致青少年普遍陷入抑郁和焦虑。送孩子参加无电子产品夏令营吧！送孩子参加电子产品戒断项目吧！把你自己的手机也收起来吧！你不能给孩子树立一个坏榜样。

然而，事情没有那么简单，不是吗？电子产品不是香烟。电子产品的影响也不全是负面的。

也许你家上小学二年级的孩子在学校就能接触到电子产品（就算只是在 iPad 上玩教育类游戏）。从四年级开始，孩子应该会熟练地打字了，家庭作业基本上都会在电脑上完成。芬恩 4 岁时曾让我帮他用 iPad 买点东西，当时 8 岁的佩内洛普插话说："已经得到证明，HOMER 能让阅读分数提高 74%！" HOMER 其实是一个教孩子阅读的应用程序。就连我听了也有点心动——74%！这确实很高啊！不如把教孩子阅读这件事交给应用程序商店吧。也有人支持电视。一项令人信服的研究表明，看《芝麻街》能让孩子为学校生活做好准备。

我们很难不去诋毁电子产品，因为它是新生事物。当小说在 18 和 19 世纪流行起来时，人们表现出了同样的担忧：女性围坐在一起，阅读靠想象力编造出来的故事，而不是《圣经》或柏拉图的哲学著作；小说中充斥着逃避现实的内容；女性脱离了现实，沉浸在故事中，对真实的生活反应迟钝。我脑海中有这样一幅画面：在 19 世纪的儿童游乐场，读《包法利夫人》的妈妈们互相指责对方不害臊，完全没注意到一个孩子从另一个孩子那儿抢了一根棍子跑开了。

这是一个颇具挑战性的问题（就像大部分育儿工作一样），不太容易找到正确的方向。下面我会给大家介绍被动接触电子产品（比如电视、电子游戏）带来的影响的相关数据，以及一些关于社交媒体的数据。其中一些数据很有趣，但无法直接告诉我们电子产品究竟是好还是坏。

这并不是因为数据不完整或有瑕疵——虽然这也是事实，但并不是核心问题。关键是这个问题没有答案。

为了思考这个问题，我们需要考虑"机会成本"这一核心经济概念。从金钱的角度来看，机会成本指的是在评估某样东西的真实成本时，我们需要考虑这些资金可能的其他用途。比如说，当我在评估是否要花钱度过一个奢侈的假期时，我需要考虑这些钱还可以用来做什么——机会成本是多少？

机会成本同样适用于时间。如果我把时间花在一件事上，那就意味着我能花在其他事情上的时间减少了。举例来说，写这本书意味着我写学术论文的时间减少了，这就是机会成本。同理，孩子使用电子产品意味着他们用于其他活动的时间减少了。问题不是电子产品本身是好是坏，而是在某一特定时刻，与做其他事相比，使用电子产品是更好还是更坏。

电子产品也可以成为健康生活的一部分，如果你能看清它的机会成本。

你需要思考你的家庭（你和你的孩子）与电子产品的关系，这至关重要。这本书可能有些帮助，但我不会举太多例子。大家可以在其他作者的书中找到可供参考的实例，比如安雅·卡梅内茨的《使用电子产品的艺术》一书中就用很多实例来告诉我们如何处理这个问题。

使用电子产品真的会影响亲子关系吗?

根据全球著名市场监测和数据分析公司尼尔森的数据,2~11岁的美国儿童平均每周花24小时看电视,而花在电子游戏、电脑游戏上的时间比看电视的时间还要多。一些数据表明,近些年来这些数字正在减少,虽然这方面的数据是出了名地难收集。

那这么长的时间算适度吗?美国儿科学会认为孩子们看电视的时间过长,但他们不太愿意对学龄儿童看电视的时间做出具体的限制,就像对待学龄前的儿童那样。尽管美国儿科学会和其他一些组织警告家长们,看电视会对孩子造成危害,比如导致肥胖、睡眠质量差、学习成绩不好,但他们并没有给出多少令人信服的证据。

我以前写过这方面的文章。研究告诉我们,看电视和儿童的表现之间存在各种相关性,但这很可能主要是家庭其他方面的差异造成的,而不是看电视本身造成的。我丈夫的研究能提供一些有用的证据(他多年前写了一篇关于儿童看电视与考试成绩之间的关系的论文,我在《一个经济学家的怀孕指南》与《一个经济学家的育儿指南》中都提过),虽然我们能从数据中得出令人欣慰的结论,但那些数据已经有些年头了。而我们并不清楚从20世纪50年代的数据中得出的结论是否适用于现在的儿童。

但这并不是说那些结论是错的。我们仍然可以借鉴研究中使用的方法来帮助我们做选择。要确定你的家庭与电子媒体（电视、电子游戏、流媒体平台、电影）之间的关系，关键可能不在于某一项研究的数据或证据。我们应该考虑家庭的特点，把这个问题拆分开来看。

我个人喜欢把这个问题拆成两部分，分为行为分析和内容分析两个方面。也就是说，我想（从概念上）把盯着屏幕看这个行为本身带来的影响与电子产品提供的内容的影响区分开。

● 数据能告诉我们什么：关于接触电子产品的机会成本

如果孩子老盯着电子屏幕看，他们就做不了其他事情。这个道理看似简单，但在关于被动接触电子产品的讨论中，我认为它被忽视了。当我的女儿盯着电子屏幕时，她就不会做作业、运动、去外面玩、阅读、练习小提琴、做饭、吃零食、做手工或学习编程等等。

一天的时间是有限的（24小时）。从经济学的角度来看，这意味着看电子屏幕的时间是有机会成本的。这段时间的成本是其他的用途。如果孩子本可以参加一项运动，那么盯着电子屏幕这段时间的机会成本就是他们可以从运动中收获的益处。

盯着电子屏幕会挤占做其他事情的时间，确实有一定的坏处。挪威的一项研究显示，与不接触电视的男孩相比，在成长的过程中接触到电视的男孩考试成绩较差，高中能顺利毕业的概率也更低。研究人员认为，看电视挤占了做作业的时间，所以才会出现这样的结果；如果男孩来自受过高等教育的家庭，那么差别会更显著，因为这些家庭会把看电视的时间用在更能帮助发展认知能力的活动上。

其他研究也证实了这一点，比如法国的一项研究表明，玩电子游戏本身与较差的考试成绩并没有关系，但在阅读上花时间与较好的考试成绩是相关的。换句话说，如果孩子把玩电子游戏的时间用来阅读，那么他的成绩会更好。重点是孩子没有阅读，而不是孩子接触什么种类的电子产品。

这种时间替代效应不仅仅会影响孩子的认知能力。人们经常提到，看电视的一大不良影响就是会增加肥胖的风险。我们可以计算一个人摄入了多少热量，然后消耗了多少热量，就能了解体重的大致变化。也就是说，如果你摄入更多或者消耗更少的热量，体重就会增加。这能告诉我们为什么看电视与肥胖相关，因为看电视的时间本可以用于运动或参加其他形式的锻炼。

在思考了盯着电子屏幕的机会成本之后，下面就要开始规划了，我们可以从一个合理的问题入手：一天中孩子盯着电子屏幕多长时间是可以接受的？

你的第一反应可能是"一分钟都不应该"，但我认为答案没这么简单。每个人都需要放松。如果孩子决定每天晚饭前休息半小时，玩玩电子产品，你多半会同意。事实上，你可能会很兴奋——终于能安静半小时了！而且，你还多了半小时属于自己的时间。在现代育儿工作的压力下，我们很容易忘记一件事：我们不需要把每一天中的每一分钟都用来让孩子变得更好。但是，你也不能让孩子每天玩5个半钟头的电子产品，因为这样留给其他活动的时间就非常少了。

因此，在我们讨论电子产品提供的内容之前，先要分析使用电子产品这个行为本身。如果你打算让孩子看电视、玩电子游戏或者用电子产品做其他事情，那么你要问的第一个问题就是，从统筹安排的角度来看，一天中的哪个时间段使用电子产品比较合适？

● **数据能告诉我们什么：关于电视和电子游戏的内容分析**

墙上的电视或电子游戏屏幕对孩子们的吸引力非常大，因此，让孩子到时间就停下来会很有难度。如果你告诉孩子，你要限制他们盯着墙壁的时间，他们一般不会有太大意见。但如果你要限制他们看电视的时间，许多孩子会抗议你规定的时间太短了。

（从好的方面想，电视内容很有趣意味着你可以利用它让孩子们保持安静。比如说，给孩子一个 iPad 可以让你轻松度过长途飞行的时光。）

不过，我们在其他时候也会遇到类似的阻力，我敢说你之前就有给孩子规划时间的经验。另一个问题是，如果你已经在墙上装了电视、在电脑里安装了电子游戏、在 iPad 里安装了应用程序，你就会担心它们提供的内容。孩子接触到的内容重要吗？

直截了当地说，当然。孩子们可以从电视节目中获取信息（非常小的孩子不行，但大多数孩子到了3岁就可以，学龄儿童当然也可以）。他们可以学到有益的东西，例如有证据表明，《芝麻街》对儿童早期认知技能的发展有帮助。根据我的经验，孩子们可以从视频中了解到一些关于北极熊的基本事实（比如北极熊的皮肤是黑的，不是白的）。

但他们也可能学到不好的东西，或被电子产品中的内容吓到。许多人小时候都有这样的经历：大人在没弄清楚状况的情况下就允许我们观看一部过于恐怖、过于成人化的电影或电视节目，在我们心里留下了阴影。（给我留下心理阴影的电影是《午夜凶铃》，虽然我是在大学毕业那年看了这部电影，但我还是怪我妈当时没拦着我。）电视节目和电影的主题可能是我们还没准备好让孩子了解的主题。电影分级制度也并不总是管用，因为每个孩子的心理成熟度都不相同。

我们家的芬恩对幽灵和恐怖电影不为所动，但看到悲伤的场景时会很难过。佩内洛普在看到尴尬的场景时会捂住脸，却对悲伤的情节完全不感冒，比如，《冰雪奇缘》中的老国王去世时，她一点儿都不在乎。

总体而言，我们需要关注孩子接触的内容。在正常情况下，父母并不想半夜被孩子吵醒，听孩子念叨自己害怕得睡不着觉，因为《午夜凶铃》里的女鬼贞子就要从电视里爬出来要他们的命了。我们家常用 Common Sense Media 这个网站，它根据孩子的年龄对资源进行了分类。

那么，如果孩子觉得无所谓，不会受到干扰，你会让他们看暴力的电视节目或玩暴力的电子游戏吗？暴力内容更有可能让孩子成为暴力分子吗？

对于第二个问题，有些人的答案是肯定的，这个答案符合数据反映的一些事实。平均而言，玩更多暴力电子游戏的孩子更有可能出现行为问题，也更有可能在现实生活中使用暴力。当然，这类证据存在很大的局限性。目前我们尚不清楚是本身就有暴力倾向让一些孩子更喜欢暴力电子游戏，还是电子游戏导致孩子有暴力倾向？此外，还有一个基本问题：孩子们在其他方面的特征也可能存在差异，比如家庭背景、父母受教育的情况等等。

更有说服力的证据则来自实验室。一篇发表在 2000 年的《人格与社会心理学杂志》（非常权威的学术期刊）上的论文以作者开展的多项实验为基础，而其中一项实验关注的是接触暴力电子游戏会不会在短期内增加被试的攻击性。作者让一些被试玩暴力电子游戏（一款名为《德军总部》的 3D 游戏，内容是射杀纳粹分子），让另一些玩类似但非暴力的游戏（一款名为《神秘岛》的自然冒险游戏）。玩一段时间后，所有被试都要完成一项颇具竞争性的任务，目标是比隐藏的对手更快地按下一个按钮。如果输了，他们会听到一声巨大的声响，音量由他们的对手设定。如果赢了，自己就有权设定对手听到的声响的音量。

但实际上他们根本没有对手，研究人员只是让他们以为自己有对手。之后研究人员会根据被试设定的音量大小来衡量其攻击性,尤其在对手提高音量的时候,他们会不会也提高自己设定的音量呢?简单地说,与那些在《神秘岛》的魔法森林中游荡的被试相比,一直在射杀纳粹的被试是否报复心更强呢?

是的,确实如此。玩暴力游戏的被试设置的声音更响。其他一些在实验室中开展的研究也发现了类似的结果:在接触暴力游戏后的短时间内,被试的攻击性水平确实提高了。

如果结合之前的数据,有些人会认为这意味着接触电子游戏通常会让人变得更暴力,而且似乎会延伸到现实生活中。不过,实验条件在短期内激发出的攻击性并不会导致长期行为的显著变化。

事实上,随着相关研究的进一步发展,暴力内容与攻击性的相关性似乎变得不重要了。一些纵向研究让玩家的基本特征保持不变,试图将攻击性的变化与电子游戏联系起来,但研究数据并不能说明这两者之间存在相关性。其他研究表明,如果数据能更全面地将家庭之间的差异考虑进来,那么电子游戏与不良行为之间的关联性就会消失。与此相关但不完全相同的是,还有一些研究推翻了电子游戏与性别歧视之间存在相关性的结论。

这并不能说明实验室中关于暴力游戏与攻击性关系的研究结论是错误的,但至少可以表明,无论这两者之间存在什么关系,都不足以对现实世界的行为产生影响,或产生长期且持久的影响。

电视或电子游戏的内容也可能很有教育意义。研究表明，数学类电子游戏能让孩子学到更多关于分数的知识。有很多应用程序能将一些基本的技能游戏化。

现在让我们回到家庭愿景。你给孩子规定了放松的时间——但孩子不见得会用这段时间玩数学类游戏。其实问题还是玩娱乐性的电子游戏会挤占孩子做其他事情的时间，但除非游戏让孩子感到焦虑不安，否则你不用担心它的内容。

● **数据能告诉我们什么：关于成瘾与睡眠**

在得出电视和电子游戏在一定程度上是有益的结论之前，除了机会成本，我们还有必要探讨一下成瘾的概率以及电子产品对睡眠的影响。

媒体正大肆渲染电子游戏成瘾的问题。我们能想象出那些连续几个钟头盯着屏幕的孩子，他们把游戏机偷偷放在被窝里，甚至不愿意走出卧室上厕所。如果允许孩子看一会儿电视、打一会儿电子游戏会让他们变成这样，我们就得思考该怎么办。看一会儿电视也许没关系，但如果孩子因为电视成瘾变得心烦意乱、虚弱不堪，那可绝对不行。

有些人确实会沉迷于电子游戏，为了玩电子游戏，他们可以不惜一切代价。孩子们沉迷于电子产品时会忽略他们的学校、朋友和家人。这是不健康的，出现这种情况时，外部干预是有必要的。

但这种类型的成瘾其实相当罕见。一篇综述论文总结了大量的研究结果后指出,"问题"游戏玩家的平均比例在2%～10%。这些研究通常以经常玩电子游戏的孩子为研究对象,而如果把所有偶尔玩游戏的人也包括在内,这个比例还会小很多。总体而言,绝大多数玩电子游戏的孩子并没有表现出问题行为或电子游戏成瘾的迹象。

论文作者还想弄清楚会对游戏上瘾或出现问题行为的玩家有什么特点,发现他们更有可能是男孩。他们也更有可能是弱势群体,来自贫困家庭或单亲家庭。也许最值得注意的是,有一些证据表明,其他形式的成瘾具有相同的心理特征。

最后一点说明,至少在某种程度上,电子游戏可能只是催化剂,而不是问题的根源。就算没有游戏机,同样的孩子也会对其他东西上瘾。它也说明有些孩子比其他人更容易受到这些问题的影响。

这就像育儿过程中的许多问题一样,我们既不应过于纠结,也不应该全盘否定。有些孩子打电子游戏确实会出现问题行为。如果你觉得孩子过于投入,过于频繁地使用电子产品,而不与真实的人互动,或者表现出抑郁或痴迷的症状,那你应该采取行动。但从另一方面看,出现这种情况的可能性很小,许多玩电子游戏的孩子不会有什么问题。

然而,涉及睡眠问题时,证据表明,电子产品和良好的睡眠无法兼得。你知道的(如果你按顺序阅读了本书的内容),睡眠对孩子非常重要。良好的睡眠质量真的很重要!而很多学龄儿童都睡眠不足。其中一个原因可能就是电视。

首先，有一些观察性的证据表明，长时间看电视——尤其是在临睡前躺在床上看电视——会影响睡眠。房间里有电视的孩子往往睡得更少。看电视较多的青少年在青壮年时期的睡眠更差，而少看电视似乎能改善他们的睡眠。我们也能找到一些这方面的实验证据。

一项很有用的研究评估了青少年在睡前长时间看电视或玩电子游戏对睡眠模式的影响。研究人员跟踪了 11 个孩子，这些孩子在睡前接触电子产品的时间各不相同：有些孩子没有接触电子产品，有些在晚上 6 点到 7 点之间玩了一个小时的电子游戏，还有一些在 6 点到 7 点之间看了一个小时的电视。这些孩子大概在 8 点半到 9 点之间上床睡觉。研究人员发现，睡眠模式——睡眠的连续性、效率和"睡眠结构"（即睡眠深度的变化）都会受到电视和电子游戏的影响。而电视和电子游戏的影响似乎略有不同，科学家们需要进一步研究才能真正了解其机制。

但事实是，在睡前接触电子产品会使睡眠质量变差。这些证据足以提醒家长们，不要让孩子在睡前看电视、玩电子游戏，也不要在孩子的卧室安装电视。也许你不太想听，但这对成年人来说也是一样。

● 关于父母和孩子共同使用电子产品

2016 年，美国儿科学会修订了关于观看电视的指导方针，有一项鼓励家长和孩子一起看电视。其基本的理念是，如果你和孩子一起看或一起玩，电视、电子游戏或应用程序会对孩子更有益，你可以和他们一起参与、一起讨论。

但这种想法并没有多少数据支撑，虽然我们能明白它的逻辑。如果你和孩子一起看《冰雪奇缘2》，你们也许会有更多的空间来讨论为什么安娜一定要炸毁那座大坝，如果孩子年龄大一些，你还可以跟他们一起剖析更深层的东西。

而说到应用程序，特别是教育类应用程序，如果你和孩子一起学习如何使用，帮助他们理解背景，孩子会从中学到更多，这一点似乎是显而易见的。

但另一方面，父母们会觉得怎么又多了一件事，当个好家长怎么那么难，还得陪孩子看电视？而且，孩子们喜欢看的都是些乏善可陈的节目。以我家孩子为例，他们非常喜欢迪士尼的《后裔》三部曲，有一次我陪他们看了20分钟，我只能说我非常后悔把手机留在楼上了。是的，陪伴的感觉很美好，但说实话，我宁愿用那20分钟做些别的事。

当然，接触电子产品对孩子可能起到一些积极作用。电视、电子游戏、应用程序并不是一点好处都没有！它们可以成为与孩子们建立联系、分享兴趣爱好的方式。杰西终于等到孩子们大到可以跟他一起看他喜欢的动画片了，而周末晚饭前跟孩子一起看电视是他最享受的时光。

关于电子产品，重点是用之有度。但睡前不要用哦。

> **数据要点总结**
> - 时间是有限的。看电视占用了可以做其他事情的时间。一方面,我们需要考虑接触电子产品的机会成本,另一方面,偶尔让孩子放松一下也挺好。
> - 孩子可以从电视中接收信息,所以有必要监督和管理孩子接触的内容。
> - 证明暴力电子游戏会导致暴力行为的证据都来自实验室,在现实世界中,这两者之间似乎并不存在相关性。
> - 电子游戏成瘾的情况确实存在,但很罕见,而且很可能反映的是更深层的问题。
> - 睡前接触电子产品会影响睡眠,最好别让孩子在睡前这么做。成人也是一样。

社交媒体给孩子带来的都是负面影响吗?

5岁的孩子喜欢看书、看电视(两岁的孩子也喜欢),但七八岁的孩子往往更喜欢电子游戏,如果大人允许他们玩的话。孩子要稍大一些才会在社交媒体上与人互动。8岁的孩子大多没有社交媒体的账户,至少没有可以和朋友聊天的社交媒体。而社交媒体本质上是一种社交形式,所以如果小学二年级的同龄人都不用社交媒体,那你的孩子很可能也不会迫不及待地想用社交媒体。

但随着孩子们进入中学,越来越多的同龄人有了手机或者更频繁地接触电脑,孩子们大多会开始使用社交媒体。他们喜欢用照片墙、色拉布或者其他我们从未听说过但孩子们爱用的新玩意儿。许多类似的网站都有最低注册年龄的要求，所以到了岁数时，孩子们就开始使用社交媒体了。

我们最好提前考虑让孩子使用社交媒体这件事，因为有数据表明，青少年花在社交媒体上的时间非常多。2011年的调查显示，约1/4的青少年每天登录社交媒体的次数超过了10次。这还是2011年的数据，10年后的数字肯定更高。（你先别着急上火，不如问问你自己每天浏览社交媒体的次数有没有超过10次？我想答案是肯定的）。

在了解相关数据之前，我要提醒你，关于社交媒体，重点是设定限制并留心孩子们使用的情况。孩子可能会对社交媒体非常着迷，也许你觉得有时看看社交媒体没关系，但如果孩子每天都泡在上面，那你肯定不赞成。我们讨论的重点应该集中在给孩子设定哪些限制，同时需要留心哪些情况。你可以发挥创意，还可以让家里的其他成年人参与讨论。也许你可以规定，每周中的一天全家人都不能使用社交媒体。或者是一个月两天。你也可以限制使用智能手机。这样可以帮助你了解社交媒体对孩子的影响。也许把手机关机后孩子看起来更开心了，或者离了手机就活不下去——这是在向你发出警报。

青少年普遍使用社交媒体的事实已经引发了深深的恐惧。2016年，《时代》周刊发表了以青少年焦虑和抑郁为主题的封面报道，副标题是"为什么孩子们不开心"。该报道谈到了很多方面的原因，但重点关注的是社交媒体，认为它至少是青少年抑郁和焦虑状况恶化的部分原因。这篇报道强调了青少年可能会感觉到的压力，因为他们总能知道其他人在做什么（也许人家把他们撇下了）。它还指出，那些与饮食失调或自杀念头抗争的青少年在社交媒体上会接触到能强化这些倾向的人。

佩内洛普还没有进入青春期，作为家长，读了这篇报道后我恨不得把她藏在她的房间里，等她20岁时再放出来。

青春期是非常敏感的时期。从某种意义上说，我认为这与初次为人父母——尤其是初次为人母时的情况非常相似。初为人母的女性和青少年都会经历身体上的变化、激素的剧烈波动，仿佛整个生活被连根拔起。独立性也有所改变：青少年变得更独立了，新手妈妈则少了许多自由。同时，他们都要面对新的压力、新的日程表和新的挑战。

对初为人母的女性来说，互联网与社交媒体有好处也有坏处。当你在凌晨3点醒过来，急切地想知道如何才能让皲裂的乳头不再疼痛时，你会很高兴能在网上碰到跟你有同样烦恼的人，她们也在半夜醒着，会告诉你可以利用绵羊油和卷心菜叶，这真是太好了。社交媒体能让你接触到更多的人，更容易找到与你有共同价值观的父母，或是与你面临同样挑战的父母。

另一方面，有了社交媒体，你会拿自己与他人比较，这没有任何好处。当你挣扎着走进浴室，想知道为什么自己产后看上去还像有6个月的身孕时，在产后4天就重新拥有六块腹肌的健身博主并不会让你感觉更好。在社交媒体上看到的那些可爱又漂亮的婴儿也许与现实相去甚远，而你（必须）生活在现实中，这样的比较很容易让你不开心。

总而言之，在新的育儿时代，社交媒体对父母来说可能是福，也可能是祸（或者两者都是！）。对青少年来说也是如此。社交媒体可以让孩子们接触到与他们有共同价值观和兴趣的人，帮助他们表达自己，与朋友保持联系。但社交媒体也会让孩子觉得自己没那么重要，觉得不快乐，害怕错过朋友圈里发生的事。好处和坏处都会出现，甚至会在同一天或者同时出现。

我不相信很多人会留恋自己的中学时代，实际上，在没有社交媒体的时代，人们也是如此。照片墙是人们常用的社交平台，但青少年的社交焦虑障碍在智能手机问世之前就已存在。显然，手机不是罪魁祸首。

在我看来，研究数据的重点是搞清楚社交媒体是否让孩子们的情况变得更糟，以及什么样的孩子会受到特别大的影响。

● **数据能告诉我们什么：关于社交媒体**

2014年，三名研究人员总结了43篇关于媒体技术对青少年福祉产生的影响的论文，将相关结果发表在学术期刊《儿童和青年服务评论》上。这些论文大多是陈述性的，基本上就是报告孩子和父母对媒体的看法。他们的结论是，"对陈述性论文的综述展示了相互矛盾的证据，同时也说明在社交媒体对青少年心理健康的影响方面，目前缺乏可建立强有力的因果关系的研究"。

说得更专业一点：根据陈述性的报告，社交媒体既有积极影响也有消极影响。从积极的方面来看，证据表明社交媒体能增强自尊心，为青少年提供一个更安全的空间，让他们尝试了解自己的身份，找到可以分担忧虑的同伴。从消极的方面来看，对某些孩子来说，社交媒体似乎会加重社交孤立和抑郁，孩子们也更容易在网络上遭受霸凌。

不过，绝大多数研究显示，社交媒体对孩子们的影响很小，这些影响有好有坏，也可能完全没有影响。也就是说，对大多数孩子来说，至少对那些参与研究的孩子来说，社交媒体的作用是中性的。

还要注意的一点是，这个领域缺乏"可建立强有力的因果关系的研究"。这些研究的样本不是随机的，也没有观察孩子的行为。多数研究甚至都没有像样的数据，比如跟踪孩子们在接触社交媒体前后的行为表现。

美国国立卫生研究院正在开展一项大规模研究，跟踪在2018年参加研究时只有10岁的孩子，一直到他们成年。但这项研究关注的是电子产品的整体使用情况，样本也不是随机抽取的，而且会持续许多年，所以现在我们无法借鉴其结果。确实有数据表明，一些孩子——可能是一小部分——在使用电子产品的过程中会出现问题行为。2017年发表的一篇论文采用了在匈牙利具有代表性的儿童样本的数据，研究显示，大约 4.5%的孩子会出现"使用社交媒体的问题行为"，也就是会过度使用社交媒体，并出现抑郁和低自尊的状况。

美国一项规模较小的研究显示，那些拥有大量社交媒体账户的孩子更容易焦虑、抑郁，害怕错过朋友圈发生的事。其他研究也表明，较严重的此类症状与更多的社交媒体账户、较低的自尊和其他风险因素相关。

现在我们要弄清楚这些结果说明了什么。具体来说，这些研究并没有证实社交媒体会导致焦虑、抑郁或自尊心降低。事实上，可能因果关系是反过来的。害怕被撇下的倾向会鼓励青少年使用社交媒体，同理，孩子喜欢上网也许是因为自尊心较低或有抑郁症，而不是反过来。

这意味着什么？

我的研究生在撰写论文时我会给他们一些建议，我经常提起一位同事兼导师告诉我的道理："思考是无可替代的。"在做研究的过程中，我们很容易掉入数据的无底洞，我们会制作无数个图表，期待有什么发现能让我们眼前一亮。

如果你是一个喜欢参考数据的人，关于社交媒体的研究数据可能会让你发疯。有那么多研究！有的说社交媒体不好，有的说好，也有的说它对这种人好，对那种人不好。这时（或在育儿的过程中）你应该做的是关注孩子的状态。

有些孩子在与社交媒体苦苦抗争，有些则不然。就像有些孩子会忍不住想吃东西、想玩电子游戏或者看电视。有些孩子会从中受益颇多，他们会找到一个认同他们的网络社群，并以这个社群为支撑，度过青春期这个艰难的阶段。总之，思考是无可替代的。

> **数据要点总结**
> - 社交媒体上的互动能给一些孩子带来积极影响。
> - 有些孩子会因使用社交媒体受到伤害。
> - 大多数证据表明，使用社交媒体对青少年没有影响，但证据并不充分。
> - 思考是无可替代的。

案例分析：孩子什么时候可以拥有手机？

现在我们回到了本书开头提出的问题，我终于可以告诉你孩子多大时拥有手机比较合适了。

答案是 12 岁。

接着，我们来深入研究一下这个问题。

事实是，关于这个问题的系统性数据很少。也没有数据可以回答这个问题。孩子可以拥有手机的年龄在很大程度上取决于你的家庭以及孩子的特点。而这个问题甚至都没有提到孩子用的是什么样的手机，以及孩子有了手机后你会施加哪些限制。

明白这一点之后，你会觉得随意选择就行了，比如，如果同龄的孩子中有一半都有了手机（设想一下，如果每个家长都这么想，那显然孩子都不会拥有手机），那你就给自家孩子买一部。好在缺乏系统性的数据并不意味着这个问题没法解决，我们的 4F 步骤法可以很好地应用到这个案例中。

● 确定问题

给孩子买一部手机有什么好处？我能想到 3 个方面：统筹安排工作变得更容易了（他们需要父母接的时候可以给你打电话），孩子会更安全（你可以了解他们的行踪，如果遇上麻烦他们可以给你打电话），以及社交方面的益处（他们可以给朋友发短信等）。

那么可能的代价是什么呢？我们能想到的第一点是钱。手机很贵。对许多人来说这是最大的问题。

除了钱之外，我还注意到两个问题。第一是孩子可能会沉迷于手机（发短信、玩游戏、用美颜相机自拍）而忽略其他事情。第二，孩子可能会陷入社交冲突（网络霸凌、焦虑、抑郁）。许多家长担心孩子可能认为手机会让自己变得更受欢迎、更快乐，但事实可能恰恰相反。

我要提出的另一个问题是手机的种类。至少在目前看来，手机的种类非常多——从功能单一的"傻瓜机"（孩子可以用它给父母打电话或者拨打紧急电话）到功能繁多、技术先进的智能手机。显然，你要考虑所有的选择。

- **收集信息**

这方面的研究数据不太有参考价值。没有随机试验能告诉我们,11 岁时拥有手机的孩子是否比 13 岁时拥有手机的孩子更快乐、更成功,所以我们不能指望得到一个统一的答案。但我们还是要收集信息,有一些证据可能对我们有帮助。

统筹安排

孩子有了手机能给统筹安排工作带来哪些便利?不妨想想孩子一天的活动。孩子什么时候会用手机?孩子参加的活动中有没有哪些接送时间是不固定的?孩子一天中是否需要与你经常联系?

例如,如果孩子常常在冷风中等你来接他,因为活动提前结束了,那也许他需要一部手机。如果你白天会接到很多老师打来的电话,说孩子忘了带作业、鞋子或外套,那孩子也可能需要一部手机(或者早上换个方式提醒孩子)。相反,如果你根本想不出孩子需要用手机给你打电话的具体情形,这表明拥有手机并不会给统筹安排工作带来很多便利。

安全性

你认为手机能保障人身安全吗?具体在哪些方面?手机可以跟踪孩子的位置,让你随时看到孩子在哪里——这有价值吗?如果孩子从学校回家或者从一个兴趣班到另一个兴趣班要走很远的路,那孩子有手机你会更放心。有些育儿理念认为不应该过多地监控和跟踪孩子,孩子们需要自由。但有些父母认为,知道孩子的位置时他们才能给孩子更多的自由。

这和你想做什么样的父母有关,当然,那就是个更大的话题了(在前文中我们讨论过放养式家长。)

万一出现什么状况,孩子可以给你打电话,这也是手机的价值。需要再次指出的是,实证研究告诉我们,现在的孩子比以往任何时候都更安全,但孩子仍然有可能遇到危险,你需要跟孩子聊聊这个问题。

手机成瘾

我把手机成瘾的问题放在这里讲,是因为至少在我看来,这其实是关于限度的问题。在前文中我提过,大多数研究表明,使用非社交媒体(看电视、打电子游戏)的代价是它占用了孩子做其他事的时间。手机上的应用程序也差不多是这样。让孩子玩一会儿水果消消乐也许没什么问题,只是它占用了孩子学习分数加法的时间。

所以,在考虑家庭的时间管理时,我们也需要给孩子规定使用手机的时间。我知道有些家庭制定了各种各样的规则:吃饭时不准看手机,手机不准拿进楼上的卧室,手机要放在楼梯口,等等。

另外,公平起见,家庭成员应该一视同仁,你也得反省一下你自己的习惯。也就是说,如果规定了吃饭时不能看手机,那你最好也别这么做。

然后，在决定孩子能使用多久时，我们需要适当地借鉴数据。再想想，通过手机与他人交流互动可能会让你的孩子更快乐，还是更不快乐？在上文中我说过，这很大程度上取决于你的孩子。你不妨想一想，孩子是否有可能从中受益。

● **最终决定**

掌握了数据后，你就可以更好地做出决定了。没有绝对正确的答案，但我们要做好充分的准备。

谁应该参加决策会议？你多半希望孩子在某个节点能参与进来，但也可能希望由成人制订计划。你需要开两次家庭会议，或者把会议分成两部分。在工作中，我经常需要在开会前先开一个会。有时在家里也是如此。

理想的情况是，在这次会议上，你可以讨论你收集的数据。给孩子买手机是否有利于时间的统筹安排？如果孩子真的有了手机，你会有哪些规定？考虑到孩子的整体社交环境与性格，社交方面的论据是否充分？

如果从统筹安排或安全的角度来看，你应该给孩子买手机，但从社交的角度来看，你不应该给孩子买手机，那也许你可以给孩子买部只能报警和给父母拨号的手机。

如果决定要买手机，你可以借家庭会议阐明使用手机的规定和时间要求。可以把规定和时间写下来，如"家庭手机使用原则"。

会议结束时应做出决定并制订后续计划。如果你决定给孩子买手机，那你会在什么时候重新审视计划的进展？届时你要考虑的关键因素是什么？如果你决定不买手机，你会在什么时候重新讨论这个问题？半年后？一年？与会成员要商定出时间表，因为这样才能确保后期不会出现矛盾。如果你只是说"我们以后再讨论"，那很想要手机的孩子可能会以为你说的是明天呢。

● **后续评估**

如果你决定不给孩子买手机，后续会议可能会与上一次会议非常相似。情况有什么变化吗？是否有理由改变之前的决定？好在这次你也许不需要再收集多少数据了。在上一次家庭会议上，你可能已经确定了要考虑哪些关键因素，现在你可以重新审视这些因素。

如果你给孩子买了手机，现在是反思其进展的时候了。有一个问题与责任有关：手机丢了没有？坏了没有？我把这部分内容讲给佩内洛普听时，她给我的第一条建议是可以告诉她："如果把手机弄坏了，那只能过几年再给你买。"这像是8岁孩子的建议（而且她父母还经常把手机搞坏），但确实有道理。拥有手机意味着孩子要承担相应的责任，如果孩子每周丢三次手机，那也许你得过一段时间再买。

除此之外，你还要关注以下几个问题：家庭成员有没有遵守使用手机的原则？使用手机——无论是社交还是非社交用途——有没有出现问题？如果给孩子买手机的好处是方便统筹安排，那它是否真的有帮助？孩子是不是从来没用过你给他买的"傻瓜机"？是不是已经丢了好几次了？大家是不是都忘了有手机这回事儿了？

后续的问题会有所不同。但对于这种重大的决定，我们需要反思。

祝你好运！就像许多育儿方面的决定一样，这并不是一个简单的选择，也没有正确的答案——在做决定前如此，做了决定后同样如此。

结语

2020年春假期间,我们一家——杰西、我,还有孩子们——本应去纽约看望杰西的父母,然后驱车前往宾夕法尼亚州,与好友一起小住几天。为了此次行程,我们已经筹划了好几个月。

然后新冠肺炎疫情爆发了。我们没能成行。最后我们在离家(位于罗得岛州)一个小时车程的羊驼农场租了一幢别墅。俩孩子在一楼津津有味地看《千与千寻》——这盘DVD是救急用的。杰西和我则在楼上的小卧室里。我坐在床上,他从另一个房间搬来一把椅子和一张小桌子。我们各自拿出了自己的笔记本电脑。

"来吧,"他说,"咱们先看看接下来几周咱们有多少工作会议,哪些会议比较重要。然后再聊聊怎样才能最好地安排时间、照顾孩子。"

"我想我已经知道该怎么做了,"我回答,"你看了我给你发送的电子文档了吗?里面有辅导孩子的时间表。"

"看了,挺好的,虽然我有一些问题。但我认为我们需要先解决工作上的问题。"

"有道理。那从你开始吧。"

疫情在几周前就已经蔓延到美国。新冠肺炎最开始就像感冒一样，专家只是建议大家不要握手，可很快政府就要求居民待在家，孩子们只能在家上网课，而且不知道要上到什么时候。

这天我们虽然非常忙碌，但一切都安排得井井有条——送孩子上学、上小提琴课，以及做科研、上课、写作。然后，几乎毫无征兆地，我们被困在了家中。杰西和我承担了更多的工作和养育孩子的责任——特别是孩子在家上网课时，我们还得辅导孩子做功课。我承担了新的工作，主要与新冠肺炎有关，也许这并不是个明智的决定。像地球上的其他人一样，我们也被一连串令人惶恐不安的新闻淹没。

幸运的是我们有很多资源。我们的家人都很安全。同时，面对疫情，我们需要彻底地重新认识我们的生活。

本书中的许多方法确实对我们很有帮助。第一个周末的家庭会议相当成功。我们最终讨论出一个相当好、由双方分担责任的家庭教育结构。在这之前，我已经考虑过如何安排膳食，当买菜变得更加困难，食物的选择更加受限时，这个计划就派上了用场。

反过来说，疫情也让我清楚地认识到了这些方法的局限性。为了保证家人的安全，我能做的也就这么多。无论做多少个电子表格，我也不能改变一天只有 24 个小时的事实。有几个星期，我把起床时间从早上 5 点提前到 4 点，这样我就能多工作一个小时，直到杰西明确要求我考虑一下，这样做是不是不太健康（是的）。我工作起来经常会变得"亢奋"，为此佩内洛普也经常提醒我。

在新冠肺炎疫情暴发的最初几周，统筹安排工作占据了"前排座位"（还有"后排座位"和"中间的座位"）。我们不断地修改计划，要腾出时间辅导孩子的功课，也要给自己的工作留出时间。我们觉得这些决定做得非常及时。我们能不能把辅导提前半小时，好让佩内洛普和同学们一起参加晨会？学校要求我每天下午5点到6点开会，而在这段时间我本来应该准备晚餐，这可怎么办？

随着时间的推移，我们一起慢慢步入正轨，统筹安排工作就不那么紧张了。然而，我们又发现自己面临着无数新的、更重大的决定，以及让我们意想不到的选择。对于这些选择，我们找不到明显的答案。是否要冒着感染病毒的风险送孩子去参加夏令营？我知道我父亲是高危人群，那我是否应该去看看父母呢？

从某种意义上说，新冠肺炎疫情时期的生活像是我们在本书开头讨论的育儿过渡期的加速版。前一分钟你还在考虑要不要把时间表提前30分钟，后一分钟你又在权衡要不要冒着患病的风险去看祖父母。

在疫情暴发前我们就在使用这些方法，现在只是稍加修改。改动后的4F步骤法能帮助我们做出更重大的决定，虽然这很困难。

首先是确定问题。我们应该现在就去看我父母还是什么时候？我们细致地列出了备选方案。提出问题，这样才能回答问题。是现在就去看望他们，还是两周后或者等到疫苗问世后呢？疫情中的情况和大多数情况一样，提出问题是最困难的部分。

然后是收集信息。我花了好几个钟头的时间来研究新冠病毒。我想弄清楚风险到底有多大，如何能降低风险。我还开发了一个关于新冠病毒风险的网站，这也许有点小题大做。

徒步旅行是否安全？如果家里有人来做客，把窗户打开会降低感染风险吗？我们先居家隔离一段时间再去探望父母能降低风险吗？我的父亲虽然年事已高，但很健康，他是否处于高风险状态？

我们做出了最后的决定。我确实见到了父母，我们一家人先去远足，后来在我父母那儿住了挺长时间。

接下来，我们做了后期评估。我们从这一次的决定中学习，希望下一次中能做出更好的决定。

这个过程很艰难。疫情期间的不确定性很大，这只是其中一个问题。在全世界对这种病毒都不甚了解的情况下，收集信息是一个挑战。我们被迫做出许多决定——虽然心里很清楚它们可能是错误的决定——并接受这些决定可能会带来的极端后果。

最后，疫情期间的经历与大多数育儿工作并没有什么不同。不确定性是造成恐惧的一个原因。我们需要面对意料之外的情况并找到方向，这也给我们增加了难度。

但意料之外的情况又像是一种奇遇。连续几个月在家里陪孩子固然辛苦，但也不乏乐趣。我们更了解孩子们了。我们有机会反思在这样一个情势复杂的时期，能拥有这些选择是多么幸运，我们也有机会把这种感觉传递给孩子，尤其是大孩子。在罗得岛的每一次远足（次数多得惊人）中，我们都在探索。

最重要的是，我了解到，虽然良好的统筹安排工作和决策能帮助我们度过陌生又艰难的时期，但控制权不在我们手中。无论你的家庭结构有多稳固，都会发生你意想不到的事情。在每个阶段，我都惊讶于育儿工作如何迫使我认识到，有些事情并不会听从我的指挥。

不过，我们希望，或者至少我希望，在面临选择时我们应该深思熟虑，无论最后结果如何，当事情过去时，我们知道自己已经竭尽全力。

操作手册

创建家庭愿景

家庭的主要目标是什么?

对于孩子来说，什么最重要？

1. _____

2. _____

3. _____

对于我来说，什么最重要？

1. _____

2. _____

3. _____

操作手册

创建家庭愿景

非周末时间，什么最重要？　　周末，什么最重要？

1. _____　　1. _____
   _____　　 _____

2. _____　　2. _____
   _____　　 _____

3. _____　　3. _____
   _____　　 _____

下一步：做好日程安排！

先查看日历，明确哪些日子是工作日，哪些是周末，然后在对应的日期下面写好日程。要具体，比如，如果你的家庭已在上面的步骤中达成一致，都认为一起吃晚餐最重要，那你需要写清楚晚餐怎么做，由谁做。

操作手册

创建日程表

	（姓名）	（姓名）	（姓名）
上午 6 点			
上午 7 点			
上午 8 点			
上午 9 点			
上午 10 点			
上午 11 点			
中午 12 点			
下午 1 点			
下午 2 点			
下午 3 点			
下午 4 点			
下午 5 点			
晚上 6 点			
晚上 7 点			
晚上 8 点			
晚上 9 点			
晚上 10 点			
晚上 11 点			
晚上 12 点			
次日 1—6 点			

操作手册

针对膳食,制定规矩

餐食	时间	地点	用餐规矩
第一餐			
第二餐			
第三餐			
第四餐			
第五餐			
第六餐			

———"绝不能吃的"食物——— ———"有时可以吃的"食物———

针对睡眠，制定规矩

（姓名）　　　（姓名）　　　（姓名）

步骤	时间	要求	时间	要求	时间	要求
步骤1						
步骤2						
步骤3						
步骤4						
步骤5						
步骤6						
步骤7						
步骤8						
步骤9						
步骤10						

操作手册

明确孩子的责任

	（姓名）	（姓名）	（姓名）
责任 1			
责任 2			
责任 3			
责任 4			
责任 5			
责任 6			
责任 7			
责任 8			
责任 9			
责任 10			

操作手册

分配家务

家务	负责人

致谢

在上一本书出版后，我的想法很坚定——我不会再写书了，所以这本书的问世要归功于我的经纪人苏珊娜·格鲁克和我的编辑金妮·史密斯。此刻我真的觉得这是团队努力的结果，金妮费了很多心思，"花言巧语"地说服我把我的文章集结成一本完整的书，她一直有这样的魔力。我万分感谢企鹅出版社负责本书的团队，包括卡罗琳·希尼、伊丽莎白·卡拉马里、丹妮尔·普拉斯基、马特·博伊德、安·戈多夫、梅根·格里蒂、克里斯托弗·金、卡西·加鲁佐，以及其他人。

我要感谢学生团队的研究和反馈，他们非常了不起，包括多拉·纳坦斯、布兰登·阿文达诺和利比·钱伯林。凯特琳·布伊的整体编辑工作非常出色，艾米莉亚·比德斯则负责本书的平面设计。

读者反馈的价值再怎么强调都不为过，他们既为本书提供了想法，也对我的上一本书做出了回应。由于致谢页的篇幅有限，我无法感谢每一个向我反馈意见的读者。但请读者们放心，只要你们给我留言我都会看到，在本书的某个地方，你也许会看到你自己或者你的反馈给我带来的灵感。我觉得共同参与育儿的父母群体是本书的核心，是燃料，我要把这本书献给所有的读者朋友们。

我想对那些分享自己的经历并发表评论的朋友说谢谢。特别是简·里森、珍娜·罗宾斯、特里西娅·帕特里克、希拉里·弗里德曼、希瑟·卡鲁索、凯蒂·金兹勒、凯利·约瑟夫、南希·齐默尔曼、艾米·芬克尔斯坦、本·奥尔肯和阿里克斯·莫尔斯。

这是一本关于如何养育学龄孩子的书,而我的孩子非常幸运,这些年一直在莫斯布朗学校上学。整体而言,我非常感谢学校和学校老师们的配合。我还要感谢奥斯瓦尔多·何塞·马蒂对学校的领导,也感谢他与我一起讨论这本书中的许多问题。

从某种意义上说,所有鼓励我写《一个经济学家的怀孕指南》和《一个经济学家的育儿指南》的人都值得感谢,有朱迪·切瓦利埃、安娜·艾泽尔、大卫·威尔、马特·诺托维迪格多、戴夫·努斯鲍姆、南希·罗斯、艾米·芬克尔斯坦、安德烈·施莱弗、莫尔·杜德夫妇、马特·根茨考、海蒂·威廉姆斯和劳拉·惠里等。

最后,我要感谢我的家人。有夏皮罗一家:乔伊斯、阿尔文、艾米丽、特伦斯和莱拉。有费尔斯和奥斯特一家:史蒂夫、丽贝卡、约翰、安德里亚、詹姆斯、艾米丽、马修、康纳、玛雅和马库斯。还有我的父母。我对你们的感激之情无以言表,尤其在这个更复杂的育儿阶段。我很幸运,你们给我打下了很好的基础。

佩内洛普：在你成长的过程中了解你是一种快乐。我真不敢相信我能成为你的妈妈。谢谢你帮助我解决我的问题。我爱你。

芬恩：你是最棒的小家伙。谢谢你让我明白，早餐吃肉丸子也是可以的，也谢谢你给我带来这么多的快乐。

杰西：我真的不知道该说什么。我只是觉得能成为你的妻子很幸运。谢谢你支持我所有疯狂的想法，你是一个伟大的父亲，谢谢你欣赏我的厨艺（抛开2020年的香肠卷灾难不谈），你一直是那个在晚上9点我想与之聊天的人。我爱你。